自分の将来を考えている"あなた"へ

これがソーシャルワークという仕事です

尊厳を守り，支え合いの仕組みを創る

中村 剛——編

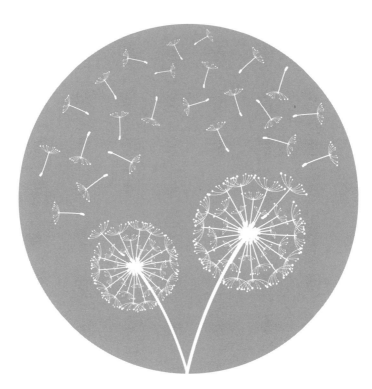

みらい

はじめに

1 ソーシャルワークという仕事を知ってほしい
——本書を執筆した理由

　この本は多くの人に，とくに高校生に「ソーシャルワークという仕事」を知ってほしいと思い書きました。そう思った理由は2つあります。1つは，自分の将来を考えている人に，ソーシャルワークと出会ってほしいからです。『新13歳のハローワーク』（2010年発行）の冒頭で，作家の村上龍さんが，「自分に向いている仕事は苦痛を感じることなく，集中して取り組める。お金や地位のためではなく，その仕事をすること自体が目的となって取り組める。そうした仕事は探して見つかるというより，出会うものである」と書いています。ソーシャルワークは多くの人に，そうした出会いをもたらしてくれるすばらしい仕事です。にもかかわらず，ほとんど知られていません。だから知ってほしい。これが1つめの理由です。

　もう1つは，若い人たちがソーシャルワーカーになり，活躍するのを待っている人がたくさんいるからです。その人たちがソーシャルワーカーに出会うためには，ソーシャルワーカーを育成しなければなりません。そのためには，まずは，ソーシャルワークという仕事を，高校生や保護者，高校の進路指導の先生をはじめ，多くの人に知ってもらわなければなりません。これが2つめの理由です。

ソーシャルワークという仕事とソーシャルワーカー
―― 意味の明確化

（1）ソーシャルワークという仕事の意味

　ソーシャルワークには，①職業（専門性を必要とする職業＝専門職）・仕事，②援助方法，③学問，という異なる3つの用いられ方があります。ソーシャルワークの基本的な意味は，①の職業（仕事）です。この仕事は，相談を通して援助する専門職です。専門性を高めるためには研究（学問）が必要です。これらをふまえ，この本では「ソーシャルワークとは，研究（学問）によって専門性が保証されている"相談援助という方法"を用いる職業（仕事）である」ととらえます。その内容については，第3章（p.52）で紹介します。

（2）ソーシャルワーカーはいろいろな名称で呼ばれている

　ソーシャルワークという職業に就いている人が「ソーシャルワーカー」です。でも，みなさんは，この言葉をあまり聞かないのではないでしょうか。それより，「社会福祉士」や特別養護老人ホームの「生活相談員」のほうが聞いたことがあるかもしれません。最初に，これらの名称について整理しておきます。
　ソーシャルワーカーは，いわゆる「通称」（正式名称というより，世間一般で呼ばれている名称）です。これに対して，社会福祉士は「資格の名称」です。現在，ソーシャルワーカーの国家資格には社会福祉士と精神保健福祉士の2つがあります。そして生活相談員は，ソーシャルワークの仕事をしている職業に対する「法における名称」です。
　ソーシャルワーカーは，いろいろな福祉の職場で，さまざまな名称で呼ばれています。職場における名称については，第8章の表Ⅳ－2（p.171）

に整理していますので,詳しくはそちらをご覧ください。

(3) ソーシャルワークという仕事とソーシャルワーカー

　ソーシャルワークは,専門的な援助方法を用いる専門職(仕事)のことです。この専門性を保証するのが国家資格です。ソーシャルワークという仕事(専門職)は,市役所,老人ホーム,児童福祉施設,社会福祉協議会など,相談援助が必要ないろいろな場所で行われています。また,そうした仕事をしている人をソーシャルワーカーといいます。ソーシャルワーカーは,市役所であれば現業員(あるいはケースワーカー),老人ホームであれば相談員など,職場によって名称が異なります。図を使って整理すると,図1のようになります。

図1　ソーシャルワークという仕事とソーシャルワーカー

3 本書の特徴
―― より根本的なところから，現実の声に応える

　編著者である私は，かつてソーシャルワーク実践を行い，いまはソーシャルワーク教育に携わっている哲学者です。ここでいう哲学者とは，ある一つの事柄（私の場合は社会福祉）を根本的な地点から，何十年も問い考え続けている人のことです。そのため，本書には次のような特徴があります。

（1）ソーシャルワークの要点を根本的なところから説明している ―― 哲学者の立場

　哲学者の立場から見るとソーシャルワーク教育には，「ソーシャルワークの"ソーシャル"ってどういう意味なの？」「そもそもソーシャルワークって何なの？」など，根本的な問いにあふれています。そして，ソーシャルワークとは何であるのかがコンパクトに説明されていません。
　そのため，本書は言葉の意味を整理し，かつ，根本的なところからソーシャルワークの要点をまとめました。これが本書の1つの特徴です。

（2）間接的な実践を通して説明している ―― 実践者の立場

　現場（実践）のなかで哲学をすると，また，その後，そうした経験について哲学をすると，気づくことがあります。それは，ソーシャルワークを含めた社会福祉という営みの根底には「支援を求める呼びかけ」があり，「その呼びかけに気づき，応える営みこそがソーシャルワークであり社会福祉である」ということです。
　「ソーシャルワークを知ってほしい」という本書の目的は，「ソーシャルワークに向いている人」と「ソーシャルワークという仕事」を結びつけることです。そしてそのことは，「支援を必要としている人たち（ニーズ）」

と「ソーシャルワーカー（資源）」を結びつける，ソーシャルワークの最初の一歩です。間接的ではありますが，本書の執筆自体がソーシャルワークを実践することなのです。

　こうした実践を通してソーシャルワークを感じてもらおうとしている点が，本書のもう1つの特徴です。

ソーシャルワークという仕事を知ってもらうために
―― 本書の展開

　本書は第Ⅰ部から第Ⅳ部で構成されています。まず第Ⅰ部では，読者が宿している優しさや正義感覚を触発できるような内容をそろえることで，読者とソーシャルワークの間に橋をかけたいと思います。次に第Ⅱ部では，ソーシャルワークに少し関心をもってもらった読者に対して，ソーシャルワークのもっとも大切な点や，現在社会においてソーシャルワークが必要な理由，そして魅力とやりがいを説明します。続く第Ⅲ部は，ソーシャルワークを大学で学ぶことを候補に考えてくれた学生に対して，大学で学べることだけでなく，修得できる力についても紹介します。とくに教養によって修得できる力については，ソーシャルワークを実践するうえでは不可欠な力であるにもかかわらず，ほかでは読むことができない内容です。最後の第Ⅳ部では，ソーシャルワークの仕事を，実際に福祉現場で活躍されているソーシャルワーカーに紹介してもらいます。そして，ソーシャルワーカーは「未来」を切り拓く専門職であることを説明します。

　社会福祉の仕事には，介護とは違ったソーシャルワークという仕事があります。それは介護の仕事と同様に，社会になくてはならない大切な仕事です。本書が，「ソーシャルワークという仕事」と「この仕事に向いている人」との「出会い」をもたらしてくれることを願っています。

5 本書を大学の基礎演習で活用するために

　本書は,「高校生をはじめ,多くの人にソーシャルワークという仕事を理解してもらいたい」という思いから執筆されました。そのなかには,大学でソーシャルワークを初めて学ぶ学生も含まれています。

　社会福祉士(ソーシャルワーカー)を養成する大学では,ソーシャルワーク基礎演習,ソーシャルワーク演習Ⅰ,あるいは相談援助基礎演習といった名称で,ソーシャルワークの基礎を学ぶ演習科目を設定しています。この科目は,ソーシャルワーク(相談援助)の専門的な技術を学ぶ前に,その基礎となることを学ぶために設定されていますが,本書はその演習科目のテキストとしても活用できます。

　そこで,15回の授業計画(シラバス)の例を作成しました〔表1〕。そこで述べた「ソーシャルワークという仕事に興味・関心をもつ」「ソーシャルワークの本質を理解する」といった授業の目的を考えるならば,授業のやり方としては,

　①学生は各授業で行う内容に該当する箇所を事前に読んでおく
　②そのうえで,4～5人のグループで内容を確認し合う
　③わからない箇所は教員が教える

という,学生が主体的かつ能動的に参加する形が望ましいと考えています。事前にテキストを読んできたり,授業中に発言したりすることが難しい学生もおり,ここで提示する授業計画(シラバス)を実行することが困難と感じられる場合もあるかと思います。それでも学生一人ひとりの可能性を信じ,授業におけるいくつかの工夫をすることで本書の内容を学んでいただければ,とてもうれしく思います。

はじめに

表1　ソーシャルワーク（相談援助）基礎演習における授業計画例

1．授業の目的
  （1）授業に対する態度・姿勢
　　　主体的かつ能動的にソーシャルワークを学ぶ姿勢を身につける。
  （2）ソーシャルワークに対する興味・関心，知識
　　・ソーシャルワークという仕事に興味・関心をもつ。
　　・ソーシャルワークの本質を理解する。
　　・ソーシャルワークという仕事がもつ魅力・やりがいを感じる。
　　・ソーシャルワーク教育によって身につく力を理解する。
　　・ソーシャルワーカーの仕事を理解する。

2．授業の展開

	目標	テーマ	授業内容	テキストの該当箇所
1	授業の目的と展開を理解する	ソーシャルワークという仕事に出会う	教員がテキストの「はじめに」に基づき，①ソーシャルワークという仕事，②この授業の目的と展開，③この授業における留意点について説明する。	はじめに
2	福祉の問題に対して関心をもつ	困難状況にいる人たちを知る（出会う）	4～5人のグループに分かれ，「"声なき声"が発せられている状況」のなかで，それぞれの人が関心をもったものに対して，①その状況を想像することで具体的に思い浮かべ，②その状況にいる人の気持ちを想像する。③そのうえで，そうした状況にいる人に対してどう思うかを話し合う。	第1章
3	ソーシャルワーカーに関心をもつ	ソーシャルワーカーを知る（出会う）	4～5人のグループに分かれ，それぞれの人がどのソーシャルワーカーの，どんなところに関心をもったかを話し合う。	第1章
4	福祉の心や正義感覚があることに気づく	子どもの貧困を考える	4～5人のグループに分かれ，①人生のスタート時における著しい不平等があること，②著しい不平等をあまり正そうとしないことの2点について，思い感じたことを話し合う。それを通して，自分のなかに福祉の心や正義感覚があることに気づく。	第2章

5	ソーシャルワークの本質を理解する	ソーシャルワークという言葉の意味を吟味する	4～5人のグループに分かれ、①ソーシャルおよびソーシャルワークの意味を確認し合う。②ソーシャルワークにおけるワークの内容を確認し合う。	第3章
6	ソーシャルワークが必要とされる理由を理解する①	現代社会とそこにおける諸問題を学ぶ	4～5人のグループに分かれ、テキストに書かれていた「現代社会とそこにおける諸問題」を1つ1つ確認していき、それらの理解を深める。	第4章
7	ソーシャルワークが必要とされる理由を理解する②	現代社会におけるソーシャルワークの必要性を学ぶ	4～5人のグループに分かれ、テキストに書かれていた「現代社会におけるソーシャルワークの必要性」を1つ1つ確認していき、それらの理解を深める。	第4章
8	中間テスト	前半に学んだことを確認する	①テストを通して、各自が前半を振り返り、そこで学んだことを確認する（45分程度）。②教員が、前半のポイントを学生に伝える（40分程度）。	―
9	ソーシャルワークの魅力・やりがいを感じる①	ソーシャルワークの本質から魅力・やりがいを学ぶ	4～5人のグループに分かれ、①テキストに書かれていた「ソーシャルワークの魅力・やりがい」についての理解を深める。②そのうえで、自分が思うソーシャルワークの魅力・やりがいについて話し合う。	第5章
10	ソーシャルワークの魅力・やりがいを感じる②	福祉現場のソーシャルワーカーから学ぶ	4～5人のグループに分かれ、①福祉現場のソーシャルワーカーの話（魅力・やりがい）のなかで、自分がもっとも印象に残ったことを話し合う。②そのうえで、ソーシャルワークの魅力・やりがいを感じる。	第5章
11	ソーシャルワークの中核には教養があることを理解する	教養の意味・教養の力・教養の必要性を学ぶ	4～5人のグループに分かれ、テキストに書かれていた「教養の意味・教養の力・教養の必要性」を1つ1つ確認していき、それらの理解を深める。	第6章
12	ソーシャルワーク教育によって身につく力を体系的に理解する	ソーシャルワーク教育によって修得できる力を学ぶ	4～5人のグループに分かれ、テキストに書かれていた「実践力という専門性、修得できる専門性、ソーシャルワーク教育によって修得できる力と素養」を1つ1つ確認していき、それらの理解を深める。	第7章

13	身につく力を理解する	講義科目を通してソーシャルワーク実践を学ぶ	4～5人のグループに分かれ，①紹介されている講義科目のなかで，自分がもっとも印象に残ったことを話し合う。②次に，紹介されているソーシャルワーク実践のなかで自分がもっとも印象に残ったことを話し合う。	第7章
14	ソーシャルワーカーの仕事を理解する	福祉現場のソーシャルワーカーの仕事内容を学ぶ	4～5人のグループに分かれ，①どのようなソーシャルワーカーの活動が紹介されていたかを確認し合う。②そのうえで，自分はどの活動に関心をもったのか，その理由は何かについてそれぞれ話し合うことで，ソーシャルワーカーの理解を深める。	第8章
15	期末テスト	後半に学んだことを確認する	①テストを通して，各自が後半を振り返り，そこで学んだことを確認する（45分程度）。②教員が，後半のポイントを学生に伝える（40分程度）。	―

3．評価　　※以下の評価基準は一例です。各大学で設定してください。
- 中間テスト：35点
- 期末テスト：35点
- 授業における態度：30点（事前学習をしてきたか否か，積極的に発言したか否かなど）

4．留意点
- この授業は，各回に行う箇所（20ページ前後）を事前に読み，授業では積極的に発言するという主体性と能動性が求められる。
- テキストは毎回必ず持参する。

CONTENTS●これがソーシャルワークという仕事です

はじめに ………………………………………………………………………… 3
  1 ソーシャルワークという仕事を知ってほしい
        ――本書を執筆した理由 …………………………………… 3
  2 ソーシャルワークという仕事とソーシャルワーカー
        ――意味の明確化 ………………………………………… 4
    （1）ソーシャルワークという仕事の意味　4
    （2）ソーシャルワーカーはいろいろな名称で呼ばれている　4
    （3）ソーシャルワークという仕事とソーシャルワーカー　5
  3 本書の特徴――より根本的なところから，現実の声に応える ……… 6
    （1）ソーシャルワークの要点を根本的なところから説明している
        ――哲学者の立場　6
    （2）間接的な実践を通して説明している――実践者の立場　6
  4 ソーシャルワークという仕事を知ってもらうために
        ――本書の展開 …………………………………………… 7
  5 本書を大学の基礎演習で活用するために ……………………… 8

第Ⅰ部　学生とソーシャルワークの間に橋をかける

第1章　ソーシャルワークと学生を結びつける ……………………… 20
  1 ソーシャルワークと学生をつなぐもの ………………………… 20
    （1）"優しさ"を掘り起こす　20
    （2）"声なき声"が，優しさを触発する，または物理的な距離を超える　21
    （3）「目に見えない関係性」が露わになる　22
  2 "声なき声"が発せられている状況とソーシャルワーカーの役割 … 23
    （1）ある若者が直面しているつらい状況　23
    （2）高校生以外の人が直面しているつらい状況　32
  3 ソーシャルワークと学生を結びつけるために ………………… 38
    （1）「私が願うことは，皆様のもっているランプの灯を今少し高く掲げて，
        見えない方々の行く手を照らして欲しい」　38

（2）「つらい状況にいる人」と「この私」の間にある「目に見えない
　　　　　関係性（責任という関係）」に気づいて欲しい　38

第2章　子どもの貧困，あなたはどう思いますか？……………41
　1　そばにある，でも見えにくい「子どもの貧困」………………41
　　　（1）豊かさのなかの貧困　41
　　　（2）「子どもの貧困」の構造　42
　　　（3）貧困の意味　45
　2　この現実を，"あなた"はどう思いますか？……………………46
　　　（1）参考となる情報　46
　　　（2）"あなた"はどう思いますか？　48

第Ⅱ部
これがソーシャルワークです

第3章　ソーシャルワークとは何か………………………………52
　1　ソーシャルワークの概略と特徴…………………………………52
　　　（1）相談に応じる　53
　　　（2）資源を紹介する（資源を結びつける）　54
　　　（3）連携・協働する　55
　　　（4）環境に働きかけ整える　55
　　　（5）資源を創る　56
　　　（6）気づく・予防する　57
　2　ソーシャルワークにおける「ソーシャル」の意味……………58
　　　（1）先行研究におけるソーシャル（社会的）の意味　58
　　　（2）ルソーにおけるソーシャル（ソシアル）　58
　　　（3）社会（ソサイエティ）における問題　59
　　　（4）ソーシャルを生み出す「人間の〈自然な社交性〉」　60
　　　（5）ソーシャルワークの意味内容　61
　3　ソーシャルワークにおける「ワーク」の概略…………………62
　　　（1）ソーシャルワークとケアワーク　62
　　　（2）相談援助という方法　63
　　　（3）対象　63
　　　（4）目標　64

4　相談援助における視点や考え方 …………………………………… 64
（1）利用者の視点・立場に立つ——想像する　64
（2）関係形成　65
（3）対等な関係——パートナーシップ　66
（4）本人意思と自己決定の尊重　67
（5）環境に目を向ける——エコロジカル視点　68
（6）抑圧されている力や可能性を引き出す——エンパワメント　68
（7）長所に目を向け，それを活用する——ストレングス視点　69

第4章　現代社会において必要なソーシャルワーク …………… 72

1　本章の全体像 ……………………………………………………… 72

2　いまの日本社会 …………………………………………………… 75
（1）超高齢社会——人口という観点　75
（2）格差社会——経済・労働という観点　75
（3）中間集団（家族・地域・職場）の機能衰退——社会という観点　78
（4）経済成長と再分配——政治という観点　79

3　現代社会における諸問題 ………………………………………… 80
（1）格差が問題である理由　80
（2）貧困・つながりの喪失が生み出す問題　82

4　貧困問題への対応の難しさ ……………………………………… 83
（1）見えにくい　83
（2）理解しにくい——自己責任論と社会的責任論の対立　84
（3）他人事　84

5　諸問題を引き起こす要因 ………………………………………… 85
（1）自然的不平等と社会的不平等　85
（2）今日において社会的不平等（理不尽な格差）を生み出し，それを固定化する考え方　86

6　社会的不平等を正すソーシャルワーカー ……………………… 87
（1）不平等と正義　88
（2）不平等に対する理解　88
（3）ソーシャルワーカーがめざす正義　89
（4）正義を支える考え方（根拠）　90

7　一人ひとりの尊厳と人権を平等に守るソーシャルワーカー ………… 91
（1）尊厳——比較不能な絶対的な価値，かけがえのなさ　91
（2）人権——人間の尊厳を守るために，人が生まれながらにもっている権利　92

8　だから，ソーシャルワークが必要です ………………………… 93

第5章　ソーシャルワークの魅力とやりがい……96

1　ソーシャルワークの魅力とやりがいとは……96
（1）人としてすべき善いこと——倫理　97
（2）社会において実現すべき正しさ——正義　98
（3）人の優しさ・温かさ　99
（4）人間に対する見方や理解の深まり　100

2　福祉現場の職員が感じる魅力とやりがい……102
（1）「この施設でよかった。ありがとう」の言葉
　　　——特別養護老人ホームのソーシャルワーカー①　102
（2）人と人との「つながり」を生み出すソーシャルワークの醍醐味
　　　——特別養護老人ホームのソーシャルワーカー②　105
（3）その人や家族とともに「心からよかった」と思える瞬間に立ち会う
　　　——病院のソーシャルワーカー　107
（4）子どもが安全に成長していく様子を見ることができる
　　　——福祉事務所（児童福祉分野）のソーシャルワーカー　109
（5）思い残すことなく最期を迎えられるために
　　　——独立型社会福祉士事務所のソーシャルワーカー　111
（6）「困ったときはお互い様」の精神を一歩一歩広めていく
　　　——社会福祉協議会のソーシャルワーカー　114

第Ⅲ部　ソーシャルワーク教育によって身につく力

第6章　人間性を育む教養教育……118

1　「教養」という言葉の意味……118
（1）教養教育と教養　118
（2）教養のルーツ　120
（3）現在のリベラル・エデュケイション（教養教育）　121
（4）教養教育および教養の意味　122
（5）教養がある人の具体的な姿　122

2　教養教育によって身につく力——教養の内容……123
（1）哲学者＝パイデイア＝リベラル・フリーの系譜に属する力　123
（2）弁論家＝レトリック・ヒューマニズム＝リベラル・アーツの系譜に属する力　125
（3）自分自身に関係する力　126

3 教養教育の科目——教養を身につけるための学問 …………………… 127
　（1）哲学　128
　（2）歴史学　129
　（3）文学　130

4 ソーシャルワーク教育に教養教育が必要な理由 …………………… 131
　（1）「人間の大切さ」に対する理解を深めるために　131
　（2）幅広い見方や考え方を土台に，専門職としての職務を遂行するために　132
　（3）専門職として生涯にわたって活躍するために　133

第7章　実践力（専門性）を修得する専門教育 …………………… 135

1 実践力という専門性 ………………………………………………… 135
　（1）専門職の意味　135
　（2）専門職としてのソーシャルワーカー　135

2 修得できる専門性（専門的な力）…………………………………… 136
　（1）価値　137
　（2）知識　140

3 カリキュラムと授業の形態 ………………………………………… 143
　（1）カリキュラム　143
　（2）授業の形態　144

4 講義科目の紹介 ……………………………………………………… 144
　（1）公的扶助論　145
　（2）児童福祉論　150
　（3）障がい者福祉論　153
　（4）高齢者福祉論　156
　（5）地域福祉論　159

5 ソーシャルワーク教育によって修得できる力と素養 ……………… 161
　（1）力と素養　161
　（2）力と素養の体系　164
　（3）力と素養を身につけるために　165

第Ⅳ部
私はソーシャルワーカーです

第8章 まちで活躍するソーシャルワーカー ……………………… 170

1 あなたのまちにいるソーシャルワーカー ……………………… 170
 （1）「いろいろな人」「変化する暮らし」「さまざまな生活問題」 170
 （2）ソーシャルワーカーが働いている場所と名称 171
 （3）ソーシャルワーカーがしていること 173

2 さまざまな現場で活躍するソーシャルワーカー ……………… 173
 （1）福祉事務所のソーシャルワーカー 173
 （2）社会福祉協議会のコミュニティソーシャルワーカー 176
 （3）病院の医療ソーシャルワーカー 179
 （4）特別養護老人ホームのソーシャルワーカー──利用者支援 181
 （5）特別養護老人ホームのソーシャルワーカー──仕組み創り 183

終章 人間と社会の「未来」を切り拓くソーシャルワーカー …… 188

1 相談援助職としてのソーシャルワーカー ……………………… 188
 （1）相談援助（ソーシャルワーク）という専門職
　　　──人に寄り添う専門職 188
 （2）相談援助（ソーシャルワーク）の可能性
　　　──社会を築く専門職 189

2 ソーシャルワーカーによって切り拓かれる「未来」 ………… 190
 （1）「時」そして「未来」について考える 190
 （2）"来たるべき未来"に応えるソーシャルワーカー 192

3 "あなた"を待っている人が確実にいます …………………… 192

おわりに──私たちの責任，または道を切り拓くことにともなう充実感 ……… 195

索　引 …………………………………………………………………… 197

第Ⅰ部

学生とソーシャルワークの間に橋をかける

　仕事には向き不向きがあります。ソーシャルワークという仕事も同じで，社会にはソーシャルワークの仕事に向いている人がたくさんいます。でも，その仕事を知らないために，ソーシャルワークを学ぶ機会をもつことなく，ほかの仕事に就いてしまいます。とても残念なことです。

　必要なことは，「ソーシャルワークに向いている人」と「ソーシャルワークという仕事」の間に橋をかけることです。この橋は鉄や石ではなく，「優しさ」と「正義感覚」という素材でできています。ソーシャルワークに向いている人は，困難な状況にいる人のことを知ると「何かできないかな」という気持ちを抱きます。また，理由のない不平等や差別に対して「そんなのおかしい」という感覚をもちます。前者が優しさであり後者が正義感覚です。

　学生のなかには，自分でも気づいていないかもしれませんが，優しさや正義感覚を宿している人がたくさんいます。第1章では優しさを，第2章では正義感覚を引き出すことで，学生とソーシャルワークの間に橋をかけることが，第Ⅰ部の役割です。

第1章

ソーシャルワークと学生を結びつける

ソーシャルワークと学生をつなぐもの

(1) "優しさ"を掘り起こす

　今日の社会では，ソーシャルワークという仕事がますます必要とされています。しかし，ソーシャルワークを学ぼうと思う高校生あるいは大学生は多くはいません。ソーシャルワークと高校生あるいは大学生を結びつけるものは何でしょうか。それは"優しさ"だと思います。

　優しさは，誰もが知っている言葉であり，私たちはこの言葉をときどき使います。だから，優しさの意味を何となくは理解しています。では，改めて「優しさって何」と聞かれたら，あなたはどう答えますか？

　いろいろなとらえ方がありますが，次のような理解があります。

　「……私は優という字を考えます。これは優れるという字で，優良可なんていふし，優勝なんていふけど，でももう一つ読み方があるでせう？優しいとも読みます。さうして，この字をよく見ると，人偏（にんべん）に憂（うれ）ふると書いています。人を憂へる，人の寂しさ侘しさ，つらさに敏感な事，これが優しさであり，また人間としても一番優れている事ぢゃないかしら，……」[1)]

これは小説家の太宰治さんの言葉です。人の憂い，つらさに敏感で，優という字のように，そうした状況にいる人にそっと寄り添えることが優しさなのでしょう。

　戦後日本の社会福祉を切り拓いた阿部志郎という人は「私たちは誰もが心の中に温かい福祉の心（優しさ，思いやり）を宿しているけれど，それらは隠れています。この隠れている福祉の心を掘り起こし，横（人と人の間）に結びつけていくか，これが福祉の大きな課題です」[2]と述べています。

　この本では，優しさを掘り起こすことで，進路が決まっていない高校生をはじめとした多くの人とソーシャルワークという仕事を結びつける，その"きっかけ"を創りたいと思います。

（2）"声なき声"が，優しさを触発する，または物理的な距離を超える

❶優しさを触発する

　優しさは，憂いに寄り添う心です。こうした心を振り返ってみると，憂いやそこでつらい思いをしている人のほうから，私たちの優しさを触発するような何かが，発せられていることがわかります。うつむいている横顔，じっとこちらに向けられている眼差し，それらは，"声なき声"と表現されることもあります。

　もっともつらい状況にいる人たちは，さまざまな理由から声を上げることができません。いじめを受けているが，親に心配をかけたくない，あるいは，こんな自分の姿を知られたくないと思っている中学生，税金を払えていない自分が税金で成り立っている社会福祉のお世話になれないと思っている生活困窮者，あるいは，乳幼児や言葉を発することができない重い知的障がいのある人＊などは「助けて」と思い感じていても，それを言葉として伝えられません。こうした状況にある思い（SOS）が"声なき声"です。

私たちは"声なき声"を感じると，無関心ではいられない気持ち，放ってはおけない気持ちになると思います。ここに優しさが生まれます。

❷物理的な距離を超える

　私たちは，普段関わりのある身近な人に関心をもちます。距離の近さが，人と人との関わりをもたらし，この関わりが関心を生み出します。言い換えれば，物理的に離れている人に対しては関わりをもつことが難しく，関心をもつことも少なくなります。

　物理的な距離を超えて，人と人とを結びつけているのが，テレビや本，そして，ソーシャルネットワーキングサービス（SNS）です。こうした環境を土台にしたうえで，人と人とを結びつけるのが"声なき声"です。私たちは，さまざまなメディアを通して，無関心ではいられない，または放っておけないという思いを触発する"声なき声"を感じることができます。

　『聖書』に「隣人を自分のように愛しなさい」という言葉があります。ここでいう隣人とは「たとえ遠くにいても隣に居る必要がある人，こちらからそばに行って共に歩まなければ生きて行けない状況に置かれている人のことです」[3]。私たちは"声なき声"を通して，物理的な距離を超えた人の「隣人」となることができます。

（3）「目に見えない関係性」が露わになる

　サン＝テグジュペリ『星の王子さま』という本のなかに，次のような言葉があります。

　「ものごとはね，心で見なくてはよく見えない。いちばんたいせつなことは，目に見えない」[4]

　＊（p.21）　人を表すのに「害」という字は不適切であると考えるため，本書では，障害者総合支援法（正式名「障害者の日常生活及び社会生活を総合的に支援するための法律」），障害者支援施設，障害福祉サービスといった法律で使われる言葉を除き，「障がい」と表記します。

"声なき声"も，心の耳でなければ聴こえません。心の耳で"声なき声"を感じたとき，「つらい状況のなかにいる人」と「ほかならぬ"あなた"」との間にある「目に見えない関係性」に気づくかもしれません。この気づきが，学生とソーシャルワークを結びつけるように思います。

さて次に，こうした考えに基づき，"声なき声"が発せられている状況を紹介します。そこにある「目に見えない関係性」とは何であるのか，考えてみてください。

2 "声なき声"が発せられている状況とソーシャルワーカーの役割

ここでは，"声なき声"が発せられている状況を紹介します。あわせて，そうした声に応えているソーシャルワーカーも紹介します。

(1) ある若者が直面しているつらい状況

❶虐待・非行・不登校を抱える高校2年生

いまも昔も学校では，いじめ，不登校，非行があります。その背景には，しばしば，離婚やそれによるひとり親家庭という養育環境，親の失業や低所得あるいは借金という経済的な問題，児童虐待や親の暴力があります。たとえば，次のような状態です。

春花（仮名）は高校2年生の女子です。小学生のときに両親が離婚し，以後，母親と二人で暮らすことになりました。母親には精神疾患があり，家事全般は春花の役割でした。中学生のときは，それが嫌で深夜徘徊や喫煙，飲酒，万引きなどで補導されることが多くありました。しかし，病気の母親を一人にはできず家出することはありませんでした。学校も休まずに通っていました。……中略……

高校に進学し，1年間は真面目に過ごしていましたが，2年生になり学校を欠席する日が増えてきました。万引きで補導されたことも数回ありました。担任教諭が学校を休む理由を聞くと「中学校のときは，あんまりまじめじゃなかった。まじめにするのが疲れただけ」と笑っていたそうです。2学期に入り，ほとんど学校に来なくなり，担当教諭が話を聞こうとすると「先生には関係のないことだから」と何も話してくれませんでした。
　その後，スクールソーシャルワーカーに「お母さんが病気なんだけど……。病気の名前は忘れたけど，精神的な病気。薬を飲んで寝てばかりやけど，ときどき暴れる。調子が悪いときは，お母さん一人にすると何するか分からないし，手首を切ったりするんよ。一人にはできないよ。だから，学校に来れないの」と話してくれました[5]。

　このような場合，スクールソーシャルワーカーは，生徒（春花）の気持ちに寄り添いながら，母親に対しては，家事ができない部分には精神障がい者ホームヘルプサービスを，精神的に不安定な部分には精神保健福祉士と精神科病院を，そして，経済的に困っている部分には生活保護制度につなぐことで，この親子の生活を支えます。

スクールソーシャルワーカー

> 　生徒が抱える，いじめ，不登校，貧困などの諸問題に対して，教師と連携しながら，ソーシャルワークの方法を用いて対応するのがスクールソーシャルワーカーです。具体的には，生徒の気持ちを支えつつ，生徒の自尊心や力を十分に引き出すことができなかった家庭や学校という環境の改善を図ります。そして，その生徒の自尊心を育み，その子が潜在的にもっていた力を引き出します。そうすることで，学校で学んでいくことができるように支援するのがスクールソーシャルワーカーです。

❷生きにくさを抱える若者たち
　10歳頃から20歳代までを思春期・青年期といいます。子どもからおとな

になる時期です。この時期は，自分自身に目を向け，自分や将来のことで悩み・不安になりがちです。これは個人の心の状態です。これに加えて最近では，増える離婚，親の長時間労働などの家庭機能の低下，人を現実での人間関係から遠ざけるSNSの普及，正規雇用が難しくなってきている状況など，悩みや不安を増長する環境が多くなっています。そうしたなか，不安な気持ち，どうしたらいいかわからない気持ち，あるいは絶望といった心の症状が，リストカット，自殺未遂，家庭内暴力といった行動に現れる場合があります。そして，なかにはうつ病や統合失調症などの精神疾患になる若者もいます。もっとも悲しいことは，つらい現実のなかで自ら"いのち"を絶つことです。こうした若者に対応しているソーシャルワーカー（精神保健福祉士）の事例を紹介します。

　離婚した母親と子ども3人の4人世帯で生活保護を受けている家庭。母親がもともとうつ病で精神科病院に通院していましたが，中学校3年生の長男が不登校となり，リストカットなどの自傷行為もときどきあるとのことで，母親が心配して同じ精神科病院を受診させました。母子関係の問題もあるとの主治医の診立てで，本人とはソーシャルワーカーが，母親とは臨床心理士が定期面接を開始しました。
　ソーシャルワーカーと話すうち，本人は家庭の貧しさや生活保護を受けていることについて，クラスメイトに対する劣等感や，うつ病のため働けない母親のことを恥ずかしく思っている心情を話してくれるようになりました。ソーシャルワーカーは，貧困は恥ではないこと，うつ病は誰でもかかり得る病気であることなどを話し，現実的な本人の問題でもあった高校進学をどうするかに焦点を当てて面接を続けました。そして，家庭の経済状況から可能な学校を探したり，生活保護ケースワーカーと連携したりして，高校進学への道筋をつけました。本人は先が見通せるようになったことで，心の安定を取り戻しました[6]。

心の問題のなかで，統合失調症やうつ病などの精神疾患には薬がよく効きます。しかし，薬だけで生きにくさが解決するとは限りません。通院を支えたり，対人関係や就労を支えたり，その人の生活を支えるためには，継続的な"かかわり"が必要となります[7]。こうした"かかわり"を通して，精神に障がいがある人を支援する専門職が，精神保健分野のソーシャルワーカー（精神保健福祉士）です。

精神保健福祉領域におけるソーシャルワーカー（精神保健福祉士）

> 　精神保健福祉士は，社会福祉士，介護福祉士と並んで，福祉関係の国家資格の1つです。保健所，精神保健福祉センター，精神科病院・診療所などが主な職場です。
> 　精神保健福祉士は，①精神科の受診が必要な人と精神科の病院を結びつける（心の問題を抱えた人のうち，明らかな精神症状がない場合は，教育相談所や児童相談所を紹介する），②継続通院のための声かけや電話をする，③背景にある本人の苦しみを想像し，どんなことをしても見捨てたりしない人間がこの世のなかにいることを知ってもらう，④必要に応じて家族関係や経済的問題の支援をする，⑤苦しんでいる人の居場所や就労の支援をする，といったことを行います[8]。

❸母子家庭で暮らす若者たち

　厚生労働省『平成25年国民生活基礎調査の概況』によると，全世帯の平均所得金額が537.2万円に対して母子世帯の平均所得金額は243.4万円と低く，ひとり親家庭（母子家庭と父子家庭）の相対的貧困率〔平均的な所得の半分（貧困線：2012年は122万円）に満たない世帯員の割合〕は54.6％と極めて高い数字となっています。そのため，生活意識の調査に対して，母子世帯の49.5％が「たいへん苦しい」と答えています。日本の母子家庭のお母さんが働いている割合は世界的に見ても驚異的に高く，2011年の全国母子世帯等調査では80.6％，2006年調査では84.6％でした。これは女性の社会進出が進んだアメリカ，イギリス，フランス，イタリア，オランダなどの欧米の国と比較しても際立って高い数字です[9]。にもかかわらず，

ひとり親家庭(世帯)の貧困率はOECD諸国30か国のなかでもっとも高くなっています[10]。日本において母子家庭は,推計値ですが,この40年間で約60万世帯から約124万世帯へと2倍に増加しています[11]。

　私たちは数のうえで多いものを標準と見なし,それとは違っているものを「標準ではない」とレッテルを貼り,否定的にとらえがちです。これは差別的な眼差しです。障がい者や同性愛者,そしてひとり親家庭も,そうした眼差しが向けられがちです。このうち,ひとり親家庭になった理由を見ると,母子家庭で約8割,父子家庭で約7割が離婚であることから,ひとり親家庭の生活困難に対しても「自己責任,自分(その人)が悪い」と見なされがちです[12]。

　しかし,とくに母子家庭の現実を見ると,多くの母子家庭が「わがまま」で離婚したとは言い難い実態があります。最高裁判所「司法統計年報」(平成24年度)で離婚した理由を見ると,妻からの理由の1位は「性格が合わない」(45.6%),2位が「暴力を振るう」(27.2%),3位は「生活費を渡さない」(25.3%)と家庭内暴力や生活費などの理由が上位を占めます[13]。そして,『シングルマザーの貧困』の著者である水無田気流さんは「本書執筆に当たり,聞き取りを行ってきて実感したことがある。それは,彼女たち離別シングルマザーが離婚に踏み切った最大の動機は『夫の存在が子どもにとってマイナス』と判断した点である。……中略……夫の暴力は,その最大の理由といっていいだろう」[14]と書いています。離婚は「わがまま」というより,「夫の暴力をはじめ,子どもにとってマイナスだから」というのが現実なのです。

　母子が夫の暴力から逃れ生活を立て直すきっかけをつくる施設があります。母子生活支援施設です。そこで活躍するソーシャルワーカーもいます。

母子生活支援施設のソーシャルワーカー

> 母子生活支援施設は母子で入所する施設です。入所理由としては,夫の暴力から逃れるため,住宅を確保することが難しい,収入が少ないといったも

のが多く，このほか，入所前の家庭内環境が不適切，母親の心身が不安定，児童虐待，外国籍，10歳代の母親といった理由があります。
　ソーシャルワーカーは，それぞれの家庭が社会のなかで暮らしていけるように，①生活技術訓練（掃除や洗濯などができるように支援），②養育支援（子どもを育てることを補助する支援），③就労支援（就職に関する支援），④法的支援（弁護士などと連絡をとりながら，さまざまな問題，たとえば，暴力や離婚などに関することを，法的に解決する手助けをする支援），⑤外国籍の母親や子どもへの支援（ビザやパスポートの更新，生活保護などの制度の説明，日本語の学習機会を設けるなどの支援），⑥自立支援（金銭管理を含めた自立の支援）など，多岐にわたる支援を行っています[15]。

❹ホームレス状態の若者

　ホームレスというと，路上で生活しているおじさんを思い浮かべるのではないでしょうか。しかし，本来「ホームレス」とは住まいがない「状態」のことであり，「人」を示す言葉ではありません[16]。「ホームレス状態」の人は路上で生活している人だけではありません。ネットカフェやサウナを転々としている人，家に居場所がなく，友人宅を泊り歩いているような人も「ホームレス状態」の人といえます[17]。
　こうした「ホームレス状態」の人は，必ずしも，おじさんに限りません。若い人も少なくありません。一例を紹介します。

　母子家庭で育った17歳のHさん（女性）。お母さんは仕事に活かせる資格や公務員のような安定した職業ではなかったため，パートをかけもちで一生懸命働いていました。Hさんが中学校1年生のとき，お母さんは過労で倒れ，亡くなってしまいました。Hさんを養育してくれる親戚もいないため，福祉施設（児童養護施設）に入所しました。
　施設に入所したため中学校は転校しました。中学校卒業後は高校に進学しましたが，高校2年生になるといじめにあい，2学期に高校を中退します。「高校生」でなくなると施設を出なくてはなりません。施設を出ても，家族や保証人そして定職がないため，アパートを借りることができませ

でした。仕事（アルバイト）も，18歳未満は親や後見人の承諾が必要といわれ困ってしまいました。結局，偽って親の承諾印を押した履歴書を作成し，年齢や住所も誤魔化した履歴書を提出し，何とかアルバイト先は見つけました。しかし，住むところはありませんでした。ネットカフェは身分証明書がないと利用できません。

そのため，Hさんはコンビニエンスストアで明け方まで働き，仕事が終わると図書館や公共施設が空くのを待ち，そこの長椅子に座ってウトウトします。コインシャワーや銭湯を利用し，月に数回はスパで宿泊しますが，金欠のときは公共施設のトイレで体を拭き，洗髪することもあります。医療保険にも加入していないため受診すると全額自己負担となることから，風邪をひいても病院には行けず，少ない所持金のなかで市販薬を買うしかありません。自分がこうした状態であることは，誰も知りません[18]。

生活困窮者は，往々にして，ひきこもりなどで地域社会から見えにくくなっていたり，窓口に相談にやってくる気力を失ったりしがちです。そのため，ソーシャルワーカーは，地域のネットワークを強化して，そこから生活困窮者の情報をいち早く把握することで，そうした状況にいる人に気づかなければなりません。そして，場合によっては訪問して支援するなど，支援を行う側が生活困窮者との接点を見つける努力をすることが求められます[19]。

自立相談支援事業におけるソーシャルワーカー

> 自立相談支援事業は，市役所の福祉課が行ったり，社会福祉協議会が自治体からの委託を受けて行っています。ここでは，ニート，ひきこもり，精神疾患，知的障がい，発達障がい，虐待，多重・過剰債務，ホームレス，矯正施設出所者，外国人，性暴力被害者，セクシャル・マイノリティなど，生活をするうえでのさまざまな困難を抱えている人たちに対する相談支援（自立相談支援事業）や，離職により住居を喪失した，またそのおそれの高い生活困窮者に対して，家賃相当額の支給（住居確保給付金の支給），その他の相

> 談支援を行っています。
>   生活に困っている人のなかには，意欲の喪失や自分がおかれている状況を話し難いといった理由，あるいは障がいや認知症などで相談に行けないなど，相談窓口まで来られない人がたくさんいます。そのため，自立相談支援事業のソーシャルワーカーは，そうした人に早期に気づくネットワークを創り，気づいたら訪問することで問題の早期発見に努めます。

❺介護で閉ざされる若者の未来

　ここまで，支援を必要としている若者を紹介してきました。しかし，支援をしている若者もおり，その若者が支援を必要としている現実があります。2014年6月17日にNHKが放送した『クローズアップ現代』という番組のなかで，「介護で閉ざされる未来～若者たちをどう支える～」と題して若者介護の実態が紹介されました。以下の内容はNHK ONLINE[20]からの引用です。

　学生時代から父の介護を続ける女性がいます。原島なつみさん，25歳です。原島さんは，脳の障がいから，体が徐々に動かなくなる病気の父・保夫さんを介護しています。いまでは，寝返りを打つことも，声を出すこともできない保夫さんから目が離せないといいます。

　原島さん：「(父は) 自分からSOSが出せないので，静かだったりするとこわいので，30分とか1時間に1回は，必ず様子を見に来ます。」

　介護が始まったとき原島さんは高校生でした。当時，保育園で働いていた母・真由美さんが，介護保険を利用しながら保夫さんの介護を担っていました。ところが4年前，真由美さんが突然倒れます。大腸にがんが見つかり，仕事を続けられなくなったうえ，介護もできなくなりました。当時，大学3年生だった原島さん。専門知識を身につけ，将来，福祉関係の仕事に就きたいと必死に勉強をしていた時期でした。

　介護施設や病院に父を一時的に預けることも，家族で検討しました。し

かし、介護保険を利用しても金銭的な負担は重く、長女である原島さんが介護を引き受けるしかありませんでした。介護と学業の両立について相談できる人は見つからず、夢を諦めざるを得ませんでした。

原島さん：「もうどうしたらいいか分からなかった。私にとっては残念というか、しょうがなかったのかな。」

いま、原島さんは、近くの病院で受付として働きながら、父の介護を続けています。

少し難しい言葉ですが、「その人が価値あると考える活動や生活・仕事を選ぶことができること」をケイパビリティ（capability）といいます。アマルティア・センという人は、社会においてケイパビリティを平等に保障することが「正しいこと（正義）」であるといっています。夢を諦めるとは、「その人が価値あると考える活動や生活・仕事を選ぶことができない」ことであり、ケイパビリティが保障されていません。

ソーシャルワーカーは、何らかの理由（原島さんの場合は介護）で夢を諦めざるを得ない人がいなくなるように支援したり、支え合いの仕組みを創ったりします。そうすることで、正義に適った社会を実現しようとするのがソーシャルワークという仕事です。

支え合いの仕組み（制度や社会資源）を創るソーシャルワーカー

福祉のサービスを利用している人以外は、あまり福祉の仕組みやサービスのことを知りません。ましてや、まだ学校で学んでいる学生であればなおさらです[21]。

若者が通っている学校のスクールソーシャルワーカーや、介護を受けている人が通っている病院の医療ソーシャルワーカーが、そうした家族（介護をしている若者）に気づき、負担を軽減できる福祉サービスを紹介する必要があります。

イギリスでは、『クローズアップ現代』でも紹介されていたように、介護をする人たちを支える施設（ケアラーセンター）があります。これに対して、日本には「介護をしている人を支援する」という仕組みがありません。

> 若者介護の問題であれば、スクールソーシャルワーカー、医療ソーシャルワーカー、地域包括支援センターのソーシャルワーカー、そして介護をしている若者（当事者）が連携して、新たな仕組みを創り出すこともソーシャルワーカーの大切な仕事です。

（2）高校生以外の人が直面しているつらい状況

❶児童虐待で亡くなった幼い命

　児童の相談に応じる児童相談所というところがあります。そこは児童虐待の対応もしています。2014年度の対応件数は8万8,931件もあり、厚生労働省が1990年度に調査を開始して以来、24年連続で過去最高を更新しています。

　児童虐待には、身体的虐待（殴る、蹴る、タバコの火を押しつける、首を絞める、縄で縛るなど）、心理的虐待（「お前なんか産まなければよかった」など心を酷く傷つける、無視する、子どもの目の前で家族に対して暴力をふるうなど）、育児放棄（家に閉じ込める、食事を与えない、ひどく不潔にする、自動車のなかに放置する、重い病気になっても病院に連れて行かないなど）、性的虐待（子どもへの性的行為、性的行為を見せる、性器を触る・触らせる、ポルノグラフィの被写体にするなど）があります。

　児童虐待は、最悪の場合「決して起こってはならなかった」[22)]というような状況のなかで、子どもの"いのち"を奪います。すでに多くの人が知っていると思いますが、この事件を忘れないために、虐待で亡くなった2人の子どものことを伝えたいと思います。

　2010年7月30日午前1時27分、大阪市西区のワンルームマンションで「3階の部屋から異臭がする」と110番がありました。現地に消防車や救急車計6台が到着。レスキュー隊員2人は3階の一室にはしごをかけてベランダに入りました。カップ麺の容器、ジュースのパック、スナック菓子の袋

……。真っ暗な室内もゴミが山積みになっていました。真ん中だけ，わずかに床が見えました。懐中電灯で照らすと，一部がミイラ化した全裸の幼児2人が寄り添うように倒れていました。玄関や窓は閉め切られ，エアコンも稼働していませんでした[23]。

　幼い子どもは必死にインターホン越しに助けを求めていました。飢えと渇き，極度の不安と絶望が激しい叫びとなって発せられていました。その叫びが住民に届き，児童相談所という専門機関にも届いていました。それにも関わらず，2人の叫びに応えられませんでした。
　救えなかった"いのち"があります。その一方で，救うことができた"いのち"もあります。子どもの"いのち"を救い（守り），それだけでなく，その子が温かな愛情ある環境のなかで暮らしていけるように支援しているのが児童相談所のソーシャルワーカーです。

児童相談所のソーシャルワーカー

　児童相談所は虐待だけでなく，子どもの養育，保健，非行，障がい，不登校，性格や行動の問題など幅広く，子ども家庭福祉に関する相談に応じています。
　児童相談所のソーシャルワーカーは児童虐待を含め，専門的な知識や技術を必要とする子どもの相談に応じています。なかでも，緊急保護が必要な児童は一時保護をし，保護者といっしょに暮らせるかどうかの判断をします。保護者と暮らせる場合は継続的な在宅支援を行い，難しければ，児童福祉施設への入所や里親委託などの対応を行います。

❷病気を抱えた人たちの生活困難

　病気には，治らない病気もあれば，後遺症が残る病気もあります。治らない病気のなかには難病もあります。これは原因不明の病気で，根治的な治療法がない病気のことです。そのなかでも神経系を侵す神経難病では，全身の運動機能が障害されるため，食事，排せつ，会話，移動，呼吸など

の日常生活の障害が高度で，本人・家族の精神的・経済的負担が大きくなります[24]。蒔田備憲著『難病カルテ——患者たちのいま』を読むと，私たちが知らないだけで，いろいろな難病があり，そこにはさまざまな生き難さや生活困難があることがわかります。また，たまたまその人たちは難病になりましたが，誰がなってもおかしくないことを考えれば，「自分がなっていたかもしれないな」と思います。後遺症が残る病気もあります。たとえば，80歳で脳梗塞になり，入院し治療を受けても麻痺の後遺症が残る人がいます。その場合，病気になる前と同じように，退院後に自宅で暮らせるか，一人暮らしの人の場合は，とくに不安になります。

　病気がもたらす生活困難のなかには費用負担もあります。病気になり医療を受けた場合，多くの治療において保険が適用され，患者は費用を一部負担するだけで済みます。しかし，入院が長引いたり，慢性病で恒常的に医療が必要になったりした場合，医療費がかかり生活を圧迫します。最近では，非正規雇用が多くなり，保険料の掛け金を捻出する余裕がないことから，無保険になる人も多くいます[25]。そうした人は医療費がかかるため，具合が悪くても病院に行くことを控えがちです。言い換えれば，病気になって病院に行きたいのに行けない生活になっているのです。

医療ソーシャルワーカー

　病気になるとさまざまな不安や悩み，あるいは生活していくうえでの困難に直面します。たとえば，病気を受け入れられない，退院後の仕事や生活が不安である，入院費などの医療費についての悩み，といったものです。こうした問題の相談に応じているのが，病院などにいる医療ソーシャルワーカーです。
　医療ソーシャルワーカーのなかには，数は多くはないですが，難病患者の相談に応じる資格である難病医療専門員になる人もいます。

❸地域で生活することが困難になっている高齢者

　平日は，多くの人が学校や職場に通ったりしています。しかし，たまに

病気で平日病院に行ったり，平日の昼間にスーパーマーケットに立ち寄ると，「自分が住んでいる地域に，こんなに高齢者がいるのか」と驚くときがあります。少し想像力を働かせてみると，自ら外出することが困難であるため，あるいは，人付き合いがほとんどないため，家に一人でいる高齢者もたくさんいるだろうなと思います。そうした人が，何不自由なく生活しているとは考えられません。個人差はありますが，人によっては次のような困りごとに直面します。

- 認知症にともなう困りごと

　たびたび道に迷う。お金の管理などでミスが目立つ。着替え，食事，トイレが上手にできない。徘徊，火の不始末，「あの人が自分の財布を盗んだ」という妄想があるなど。

- 健康に関する困りごと（認知症以外）

　うつ状態で何もする気力がない，死にたいと思う。リウマチによりひざに痛みがある。

- 身のまわり（介護）に関する困りごと

　自分で身のまわりのこと（食事，排せつ，着替え，洗面，入浴，歩行など）や家事（食事をつくる，洗濯をする，掃除をするなど）をするのが難しくなってきた。

- 買い物に関する困りごと

　一人では外出することができず買い物ができない。近くにお店がない。

- 人との関わりに関する困りごと

　近所付き合いがなく，話をする人がまったくいない。

- 経済的なことに関する困りごと

　年金が少なく，貯金もほとんどないため，生活に不安を抱えている。借金を抱えている。

- 虐待

　家族から，あるいは入所している福祉施設の職員から虐待を受けている。

こうした地域で暮らす高齢者の生活困難の相談に応じているのが地域包括支援センターのソーシャルワーカーです。

 地域包括支援センターのソーシャルワーカー

> 　地域包括支援センターは，高齢者が住み慣れた地域で安心して暮らせるよう，保健・介護・福祉の領域の支援を包括的，かつ，継続的に行うところです。そこには，ケアマネジャー，保健師，社会福祉士（ソーシャルワーカー）という専門職がいます。
> 　このうち社会福祉士は，主に2つの業務を行っています。1つは総合相談支援です。これは生活するうえでの相談に応じ，どんな支援が必要かを把握し，必要なサービスを紹介します。もう1つは権利擁護です。これは，高齢者虐待の防止や対応，判断能力を欠く状況にある人への対応，消費者被害の防止や対応などをしています。

❹施設で暮らす障がいのある人たち

　障がいがあるが故に養育や介護が必要な人は，在宅福祉サービスを利用しながら家族と暮らしています。しかし，家族が高齢になったり，あるいは病気になったりすると，在宅福祉サービスの利用では生活することが困難になる人がいます。そうした人が暮らしているのが「障害者支援施設」です。

　さて，障害者支援施設とはどんなところでしょうか。30人から多いところでは100人以上の人がそこで暮らしています。個室であることが望まれていますが，まだまだ4人部屋も多くあります。職員は障がいのある人に対して，着替え，食事，入浴，排せつなどについては，自分でできることは自分で行うように支援し，できないところは介護します。日中は，簡単な作業，散歩などの体を動かす活動，創作活動（たとえば，ちぎり絵や簡単な陶芸など）をして過ごします。他人との集団生活になり，30人から50人くらいの人が食堂で食べている施設もたくさんあります。また，入浴にしても，15人ほどの人が1時間半くらい入っているところもあります。

　障害者支援施設で暮らしている人は，自力で外出することが困難な人が

多いため，毎日のように買い物や遊びに行くことはできません。それぞれの施設で，土日に外出することは多いですが，毎週外出できるとは限りません。また，必ずしも，自分の生まれ育った地域に施設があるわけではないので，家族と会う機会も月に1回程度の人も少なくありません。知的障がいがある人の場合，家族以外の知人・友人との交流がほとんどありません。

多くの人にとって，こうした生活は他人事（ひとごと）です。そのため，この現実を聞いたとしても，「障がいが重いのだから"仕方ない"んじゃないの」と思うかもしれません。しかし，本当に"仕方ない"ことなのでしょうか。社会の仕組みは人間が創るものです。重い障がいがあっても，地域で暮らすことができます。そうしたことを実現している国（たとえば，スウェーデンやデンマーク）や地域（日本でこうした取り組みを積極的に進めている自治体の1つが長野県です）もあります。

たまたま重い障がいがあるだけで入所施設での暮らしを余儀なくされることは「おかしなこと（正しくない＝不正義）」です。そして，やればできるのに，やらないことも「おかしなこと（正しくない＝不正義）」です。社会にある不正義（おかしなこと）を感じとり，その改善（正義の実現）をめざすのがソーシャルワーカーです。

 障害者支援施設のソーシャルワーカー

> 障害者支援施設のソーシャルワーカーは，ケアワーク（着替え，食事，排せつ，入浴などの支援）とソーシャルワーク（相談援助，社会生活の支援）を行います。
> ソーシャルワークとしては，その人の「人としての権利」が守られるよう，①虐待やその可能性がある行いや状況の防止・改善，②とくに知的障がいがある人の場合，その人の気持ちをくみとる，③地域における暮らしに近づける（グループホームという世話人さんがいるアパートへの移行，外出の機会や地域の人々と交流する機会を増やす，生活環境の改善）といったことを行います。

ソーシャルワークと学生を結びつけるために

　学生のみなさんがソーシャルワークに出会ってもらうために（結びつくために），伝えたいことが2つあります。

（1）「私が願うことは，皆様のもっているランプの灯を今少し高く掲げて，見えない方々の行く手を照らして欲しい」

　この言葉はヘレン・ケラーが日本で講演したときに話された言葉です[26]。彼女は，見えない，聴こえない，話せないという障がいがあるなかで，教育により11歳のときに話せるようになり，大学に進学，卒業しました。そして，世界中で講演を行い，障がい者福祉に多大な貢献をしています。
　私たちは，社会で起こっている出来事のすべてを見渡せているわけではありません。それぞれの人が自分のランプをもち，そのランプが照らすところしか見えていません。しかし，そのランプを少しだけ高く掲げてみると，これまで気づかなかった視聴覚障がいのある人の苦労，いじめや虐待を受けている人たちのつらさ，お金の工面ができずに困っている人たちの存在に気づくかもしれません。だから，ヘレン・ケラーの「皆様のもっているランプの灯を今少し高く掲げてください」というメッセージを，より多くの人に伝えたいと思います。

（2）「つらい状況にいる人」と「この私」の間にある「目に見えない関係性（責任という関係）」に気づいて欲しい

　多くの人にとって，この章で紹介した"つらい状況"は他人事です。言い換えれば，自分には関係のないことです。「福祉（ソーシャルワーク）に関心をもつ」ということは，実は，つらい状況（福祉の問題）を「他人

事ではなくわが事と捉えること」[27]です。言い換えれば,「福祉の問題を抱えている人」と「この私」との間にある「目に見えない関係性」に気づくことなのです。

　状況がつらくなればなるほど,意欲・やる気を失い,「つらいよ」「助けて」という声を上げられなくなります。そのため,「不幸は沈黙している」ともいわれます。しかし,その沈黙に心の耳を傾けると,そこにある「つらいよ」「助けて」という"声なき声"が感じられます。そうすると,私たちは「何とかできないかな」という気持ちになります。ここにおいて,「つらい状況にいる人」と「この本を手にしている"あなた"」の間にある「呼びかけに応える＝責任」という関係性が露わになります。私たち一人ひとりが宿している"優しさ"の正体は,「呼びかけに応える＝責任」なのです。

　あなたのもっているランプをほんの少し高く掲げてください。そうすることで,つらい状況の人に,そして,そうした人と"あなた"との間にある「目に見えない関係性（責任という関係）」に気づいてもらえたら,とてもうれしいです。

［文献］
1) 太宰　治『太宰治全集11──随想』筑摩書房　1999年　p.293
2) 阿部志郎『福祉の心　講演集1』海声社　1987年　p.187
3) 本田哲郎『小さくされた者の側に立つ神』新世社　1990年　p.20
4) サン＝テグジュペリ／河野万里子訳『星の王子さま』新潮社　2006年　p.108
5) 門田光司・奥村賢一監修, 福岡県スクールソーシャルワーカー協会編『スクールソーシャルワーカー実践事例集──子ども・家庭・学校支援の実際』中央法規出版　2014年　pp.218-219
6) 西隈亜紀『心のケアが必要な思春期・青年期のソーシャルワーク』中央法規出版　2014年　p.131
7) 同上書　p.23
8) 同上書　pp.35-36, pp.46-47, p.49, pp.64-65, p.98, p.130, pp.158-159, pp.202-203
9) 赤石千衣子『ひとり親家庭』岩波書店　2014年　p.13
10) 水無田気流『シングルマザーの貧困』光文社　2014年　pp.36-37
11) 前掲書9)　p.3
12) 前掲書10)　p.5, 29

13) 前掲書10)　pp.72-73
14) 前掲書10)　pp.65-67
15) 加藤智功「Chapter 4　女性・ひとり親　Ⅱ　母子生活支援施設の仕事」杉本貴代栄・須藤八千代・岡田朋子編著『ソーシャルワーカーの仕事と生活──福祉の現場で働くということ』学陽書房　2009年　pp.147-149
16) 社会的包摂サポートセンター編『相談支援員必携　事例でみる生活困窮者』中央法規出版　2015年　p.78
17) 同上書　p.82
18) 同上書　pp.79-82を一部改変
19) 自立相談支援事業従事者養成研修テキスト編集委員会編『生活困窮者自立支援法　自立相談支援事業　従事者養成研修テキスト』中央法規出版　2014年　pp.12-13
20) NHK ONLINE：NHKクローズアップ現代「介護で閉ざされる未来──若者たちをどう支える」
　　http://www.nhk.or.jp/gendai/articles/3515/1.html
21) 澁谷智子「ヤングケアラーに対する医療福祉専門職の認識　東京都医療社会事業協会会員へのアンケート調査の分析から」日本社会福祉学会編『社会福祉学』54(4)　2013年　p.77
22) ハンナ・アーレント／齋藤純一・山田正行・矢野久美子訳『アーレント政治思想集成1　組織的な罪と普遍的な責任』みすず書房　2002年　p.20
23) 朝日新聞　2010年8月22日1面
24) 吉良潤一・岩木三保「第1章　重症難病患者入院施設確保事業における難病医療専門員の現状」吉良潤一編『難病医療専門員による難病患者のための難病相談ガイドブック　改訂2版』九州大学出版会　2011年　p.1
25) 佐原まち子「3－2　医療と貧困──医療ソーシャルワーカーの立場から」日本社会福祉士会ほか共編『躍進するソーシャルワーク活動──「震災」「虐待」「貧困・ホームレス」「地域包括ケア」をめぐって』中央法規出版　2013年　p.147
26) 岩橋英行『青い鳥のうた──ヘレン・ケラーと日本』日本放送出版協会　1980年　p.123
27) 阿部志郎『ボランタリズム　講演集2』海声社　1988年　p.58

第2章
子どもの貧困，あなたはどう思いますか？

　いま社会では「子どもの貧困」が問題となっています。厚生労働省の発表によると，6人に1人の子ども（18歳未満）が貧しい暮らしをしています。この本を読んでいる"あなた"もそのなかの一人かもしれません。そうでなくても，友達のなかの数人は，貧しい暮らしをしている可能性があります。

　貧困というと，ボロボロの服，汚らしい恰好を思い浮かべるのではないでしょうか？　しかし，今日では服はとても安く買えます。そのため，貧しさは見えにくくなっています。そんな貧困が実は，すぐそばにあります。この章では，身近な問題を通して，ソーシャルワークに関心を向けてほしいと思っています。

1 そばにある，でも見えにくい「子どもの貧困」

（1）豊かさのなかの貧困

　貧困という言葉を聞くと，食べるものがなくて困っている海外の人たちとか，戦後の貧しい暮らしを思い浮かべる人がいると思います。それは遠い国の話，あるいは遠い昔の話だと思っていないでしょうか。

　しかし，豊かな社会の現実は，一方に富（豊かさ）が集積し，もう一方

に貧困が生まれる格差（不平等）社会なのです。そこで生まれる貧困は，見ようとしなければ見えません。ここでは，近年社会問題となっている「子どもの貧困」を取り上げ，それを，見えるようにしたいと思います。

（2）「子どもの貧困」の構造

貧困状態の子どもがおかれている状況を見えるようにしたのが図Ⅰ－1です。この図の上段は，貧困状態の子どもの状況を表しています。下段に社会との関わりを位置づけ，それを社会の仕組みと世間とに分けています。

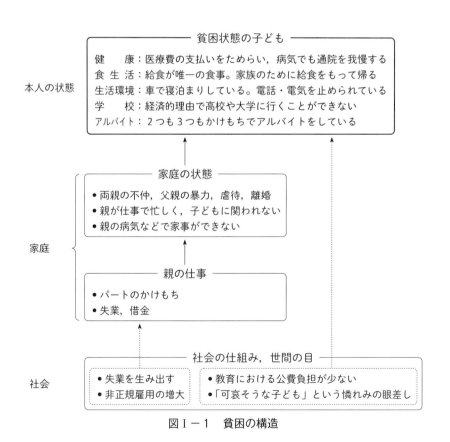

図Ⅰ－1　貧困の構造

さらに中段は，家庭の状況を入れ，それを親の仕事と家庭の状態とに分けています。

下段の左側および中段から説明します。子どもの貧困の根底には，失業を生み出したり，非正規雇用を増大させたりする「社会の仕組み」があります。非正規雇用労働者の全雇用者に占める割合は，1984年は15.3％でしたが，2014年には37.4％になっています。非正規労働者は解雇されやすく，賃金も低いです。加えて，もしものとき（病気や失業など）に備える保険へ加入したりする機会が必ずしも保障されていません。こうした仕組みのなかで，失業，事業や投資の失敗，非正規雇用などにより，親の収入が低い，収入がない，あるいは，親に借金があるといった状態が生じます。経済的に苦しくなると，夫婦の仲が悪くなったり，イライラやストレスから妻に暴力をふるったり，子どもを虐待したりする場合もあります。ひどい場合「親から『お前なんて産まなきゃよかった』『お前さえいなければ，もっと楽できるのに』と，日々言われ続ける子ども」[1]もいます。母子家庭のなかにはダブルワーク，トリプルワークといった，仕事を2つや3つもかけもちしなければ生活できない人もいます[2,3]。その分，子どもとふれ合う時間が奪われます[4,5]。言い換えれば，親とふれ合い，愛情を感じる大切な時間を十分にもてないということです。貧困状態にある子どもの親のなかには「うつ病で三カ月，精神科に入院していました。薬は今ものんでいます。何もかもつらく，やる気が起きないんです」[6]といった母親のように，精神的な病になり，意欲を失い，家事がほとんどできない状態になる人もいます。

次に下段の右側を説明します。親の収入に関わりなく教育を受ける機会は平等に保障すべきですが，日本はそうではありません。GDPに占める公的教育支出の割合を国際比較すると，先進国（OECD加盟国）中，最下位という状況が5年連続で続いています[7]。すなわち，教育の費用は親や自分で捻出する割合が高いということです。そのため，親の収入・資産が少なければ，大学に行ったり中高一貫の私立で学んだりする機会が少な

くなります。さらに，世間からは「可哀そうな子」というどこか蔑(さげす)んだ憐(あわ)れみの目で見られるときもあり，こうした眼差しが一番つらいという子どももいます[8]。

こうした家庭と社会との狭間で，次のような状態に陥っている子どもたちがいます。

①健康
- 父親の事業がうまくいかず借金があるため，時給の高い深夜営業の飲食店で働いたが，体を壊す。でも「おなかの痛みが続いて我慢できなくなると，少しだけ保険料を納めて期間限定の短期保険証をもらってから病院に行くんです」[9]という高校生。

②食生活
- 電気，ガスが止められ，給食が頼りの状態。見かねた教職員がお米のカンパを募った[10]。給食が唯一まともな食事[11]。
- 保健室で出されるパンや牛乳で空腹を和らげている[12]。
- 家族のために給食をもって帰る子どもがいる[13]。

③生活環境
- 電話も電気も止められ，訪問しても家のなかは散乱した状態である[14]。
- 親が離婚し，母親の知り合いの家を泊り歩いていたが，それも限界で，車で寝泊まりしている[15]。

④学校
- 父親が自殺し，高校を中退してアルバイトをはじめた[16]。
- 高校や大学への進学を家庭の経済状況で諦めた子どもがいる[17]。
- 部活をしたいが，ユニフォームや道具が買えず，参加できないでいる[18]。

⑤アルバイト
- 父親が営む店が赤字で借金もあることから，高校の学費を含めて生活費を稼ぐために，朝は9時までコンビニエンスストアのレジ打ち，昼の10時から午後3時まではファーストフード店，その後は定時制高校に通い，夜は深夜労働というトリプルワークをこなして定時制高校に通う。1日

に2時間眠れたらまだいいほうで、学校の授業はほとんど寝ている状態の高校生[19]。

（3）貧困の意味

図I-1により、貧困を見えるようにすると、貧困はお金の問題だけではないことがよくわかります。社会福祉学者の岩田正美さんは、貧困を図I-2のように表しています。真ん中にあるのはお金がないことから生じる生活苦です。この生活苦が続くと、社会から軽蔑や非難がついてまわり、それが貧困状態の人の「自分を大切に思う気持ち」や「自分の評価」を低くします。また、恥の気持ちをもたらします。これだけではありません。貧困が故に、学費が払えず高校や大学を中退したり、お金がかかるから通院をためらったり、あるいは、みんなと同じように旅行に行けなかったりと、さまざまな社会的なことから排除されてしまいます。そうした排除のなか、やる気を失い、周囲に助けを求めようとする声すら失ってしまうこともあります。こうしたことの全体が「貧困」なのです。

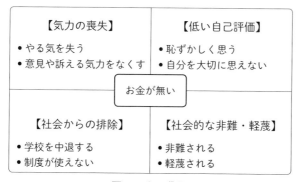

図I-2　貧困

出所）岩田正美「第3章　3-1　近年の貧困の特徴と制度対応」『躍進するソーシャルワーク活動――「震災」「虐待」「貧困・ホームレス」「地域包括ケア」をめぐって』中央法規出版　2013年　p.140を改変

この現実を,"あなた"はどう思いますか?

(1) 参考となる情報

❶子どもの貧困率[*]

　厚生労働省が2014年にまとめた国民生活基礎調査によると,平均的な所得の半分(貧困線:2012年は122万円)に満たない世帯で暮らす18歳未満の子どもの割合は16.3％であることがわかりました。約6人に1人は貧困線以下の暮らしをしていることになります。

❷子どもの貧困率の国際比較

　ユニセフ・イノチェン研究所の「子どもの貧困測定」というレポートでは,2009年頃と少し前ですが,日本の子どもの貧困率は14.9％で,先進国35か国中9番目の高さです。とくに豊かな国(一人当たりGDPが3万100ドル以上)に限ると,20か国中,子どもの貧困率が4番目に高い国となっています[20]。

❸政府(国と地方自治体)が教育費を負担する割合

　日本は子どもの貧困率が高いので,せめて学費だけでも公費負担を多くしたいものです。しかしながら,現状はそうなっていません。

　OECD(経済協力開発機構:ヨーロッパ諸国を中心に日・米を含め34か国の先進国が加盟する国際機関)のなかで,多くの学生が私立大学に通うのは日本と韓国だけです。そのため,これから国際比較のために参照する資料(OECDが2008年に発表したもの)は,国公立大学の平均授業料と奨学金を受けている学生の割合です。この資料によると,ヨーロッパの国のほとんどが年間1,500ドル(1ドルを100円とすると,15万円)以下で

---

[*] これ以降表記する「子どもの貧困率」は,すべて「子どもの相対的貧困率」のことを意味します。

す。これに対して，日本，オーストラリア，アメリカは国立大学でも約3,500ドル（1ドル100円とすると35万円）以上と高いです。一方，高い授業料であるオーストラリアやアメリカは約80％以上の学生が奨学金を利用していますが，それらの国では，返還不要な給付型が充実しています。これに対して日本では，奨学金の中心は卒業後に返還しなければならない貸与（ローン）型です[21]。

　加えていえば，この資料はまだ学費の安い国公立大学のデータですが，多くの学生が通っている私立大学はもっと授業料が高くなります。これらを考え合わせると，日本の大学は，ほかの国の大学に比べて極めて授業料が高く，かつ，奨学金も貸与型が中心です。また，GDPに占める公的教育支出の割合を国際比較すると，先進国（OECD加盟国）中，最下位という状況が5年連続で続いています[22]。簡単にいえば，日本では「教育費は親が出すもの」という見方がされているということです。そのため，貧しい家庭に生まれ育った子どもは教育を受けにくい環境にあります。

　このように日本は，貧しい家庭の学生がもっとも大学に行き難い国なのです[23]。

❹ 子どもの貧困対策推進法の基本理念

　こうした状況を受けて，2013年に「子どもの貧困対策の推進に関する法律」が制定されました。その第1条（目的）に「この法律は，子どもの将来がその生まれ育った環境によって左右されることのないよう，貧困の状況にある子どもが健やかに育成される環境を整備するとともに，……後略……」とあります。

　子どもは，どのような環境に生まれ育つのかを選ぶことはできません。本人にどうすることもできないことが，その子どもの将来を左右してしまうことは不平等です。この法律は，こうした不平等を正すことを意図しています。

（２）"あなた"はどう思いますか？

❶生まれながらの著しい違い

考えてほしい問題，その１──人生のスタート時における不平等について

子どもは生まれ育つ家庭環境を選べません。ふとあるとき，ある子どもは裕福な家庭環境に生まれたことに，別の子どもは貧しい家庭環境に生まれたことに気づきます。この著しい違いに対して，子どもには何の責任も原因もありません。どのような家庭環境や能力をもって生まれてくるのかはまったくの偶然であり，裕福な家庭に生まれた子どもが，貧しい家庭に生まれてきたかもしれません。

人生のスタート時点におけるこうした著しい違いを，あなたはどう思いますか？

考えてほしい問題，その２──著しい違いを正そうとしないことについて

自分がどのような能力をもって，また，どのような家庭環境に生まれてくるのか，自分にはどうすることもできません。これ自体は仕方がないことです。しかし，人生のスタート時点における環境の違いは，正すことはできます。

海外では人生のスタートにおける違いは不平等であると考えるから，教育に関する費用に政府がお金をかけて不平等を正そうとしています。しかし，日本は，先進国でもっとも教育の援助にお金をかけない国です。人生のスタートにおける著しい違い（不平等）に対して，「それはおかしいから正そう」と考えるのか，それとも「運が悪いので仕方ない」と考えるかで，社会のあり方，子どもたちがおかれる状況は違ってきます。

さて，あなたは，人生のスタートにおける著しい違いに対して，正そうと思えば正せるのに，それをしないことをどう思いますか？

❷貧困状態におかれている子どもたち

学校の給食が，唯一まともな食事という子どもがいます。家庭が貧しく，暴力や虐待があるため家にいられず，まちをさまようしかない子どもがい

ます。学校に行きながらアルバイトをかけもちで行い，くたくたになっている子どもがいます。家庭環境（貧困）が原因でいじめられ，学校に行けなくなった子どもがいます[24]。大学に行きたいけれど，弟たちに大学へ行ってもらいたいからと自分の進学を諦めた子どもがいます。

　さて，あなたは，こうした状況にある子どもをどう思いますか？

　この章では，いま社会問題になっている子どもの貧困について考えました。この問題を通して，なかには「自分に何かできないかな」（こうした思いやり・他者への気遣いを福祉の心といいます），「不平等はおかしい。だから，正したほうがいい」（これを正義感覚といいます）と思った人もいるでしょう。実は，こうした福祉の心と正義感覚が，この本で紹介するソーシャルワークという仕事の基盤にあります。

　続く第Ⅱ部では，そんなソーシャルワークの内容や魅力をお伝えします。

［文献］
1）新井直之『チャイルド・プア２──貧困の連鎖から逃れられない子どもたち』TOブックス　2015年　p.55
2）山野良一『子どもに貧困を押しつける国・日本』光文社　2014年　p.5
3）保坂　渉・池谷孝司『子どもの貧困連鎖』新潮社　2015年　p.293
4）同上書　p.293
5）前掲書２）　pp.5-6，pp.52-55
6）前掲書３）　p.157
7）広井良典『ポスト資本主義──科学・人間・社会の未来』岩波書店　2015年　p.161
8）渋谷行成「母子生活支援施設内の無料の学習塾──居場所としてのかしわ塾」子どもの貧困白書編集委員会編『子どもの貧困白書』明石書店　2009年　p.329
9）前掲書３）　p.16
10）浅井春夫『脱「子どもの貧困」への処方箋』新日本出版社　2010年　p.47
11）前掲書３）　p.16
12）前掲書３）　pp.150-151
13）前掲書10）　p.36
14）前掲書10）　p.36
15）前掲書10）　p.37
16）前掲書10）　p.41
17）前掲書10）　p.42
18）前掲書10）　p.42

19）前掲書3） p.15, 21
20）前掲書2） pp.26-28
21）前掲書2） pp.118-121
22）前掲書7） p.161
23）前掲書2） p.121
24）前掲書3） pp.28-33

第Ⅱ部

これがソーシャルワークです

　今日の社会では，一人ひとりがもっている能力を十分に発揮できる「自由」が重んじられています。私たちは，自分に向いていると思う仕事を選び，自分がもっている力を発揮します。そうして選ばれた仕事の多くが，物質的に豊かで便利な社会を実現しています。

　自由にしても，物質的豊かさ・便利さにしても，とても大切なことです。しかし，社会には，平等や連帯（支え合い，友愛）という価値もあり，必要です。にもかかわらず，不平等を縮小したり，連帯をもたらしたりする仕事は極めて少ないです。

　こうした現状にあって，平等や連帯をもたらし，「自由」「平等」「連帯」のバランスがとれた社会の実現に寄与する仕事がソーシャルワークです。

　第3章でソーシャルワークのもっとも大切な点を，第4章で現代社会においてソーシャルワークが必要である理由を説明することが第Ⅱ部の役割です。

第3章

ソーシャルワークとは何か

ソーシャルワークの概略と特徴

　この章では，ソーシャルワークという仕事の概略をお伝えした後に，ソーシャルワークのもっとも大切な点を説明します。

　図Ⅱ-1を見てください。これがソーシャルワークの概略です。ソーシャルワーカーはしばしば「相談援助職」といわれます。このように表現することで，ソーシャルワーカーは介護職ではないことはわかります。しかし，相談に応じる職業はソーシャルワーカー以外にもたくさんあります。そうした職業との違いは，ソーシャルワーカーは，「生活困難を抱えている人」に「福祉サービス（社会制度）やボランティア（人）」を紹介する（結びつける）という点にあります。そうすることで，生活困難の改善・解決を図る専門職がソーシャルワーカーです。ほかの相談職との違いはそれだけではありません。ソーシャルワーカーは，生活困難を抱えている人の環境（たとえば，子どもが生活困難を抱えている場合は家庭や学校・クラス，入所型の施設で暮らしている人の場合は入所施設という環境，地域で孤立している人であればその人が暮らしている地域）に働きかけ，生活困難を抱えた人も，それぞれの場で暮らしていけるように環境を整えます。

　また，生活困難を抱えた人のなかには，乳幼児，障がいがあるために自ら思い感じていることをうまく伝えられない人，生きる意欲・気力を失っ

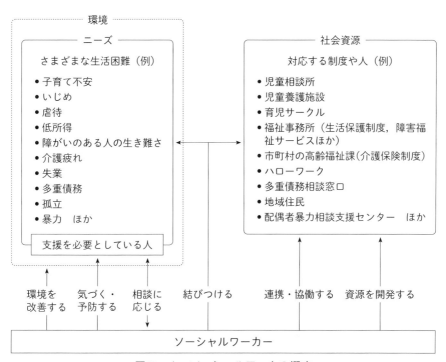

図Ⅱ-1　ソーシャルワークの概略

ている人のように、相談することが困難な状況の人もたくさんいます。日頃から地域のなかにネットワークを創り、そうした人にいち早く気づくこともソーシャルワーカーの特徴です。さらにいえば、いまある福祉サービスやボランティアでは対応できない問題に対しては、ボランティアを発掘・育成したり新たな制度を創ったりするのもソーシャルワーカーの特徴です。

以下では、これらソーシャルワークの概略を簡単に説明します。

（1）相談に応じる

ソーシャルワークは、相談に来た人の話を聴くところから始まります。とはいえ、相談に来た人が、自分が抱えている問題を要領よく話してくれ

るとは限りません。むしろ，話し難いため，なかなか本当のことをいえなかったり，感情が少し混乱しているため，いいたいことがうまく伝えられなかったりする人も少なくありません。なかには，ソーシャルワーカーのことを「この人を信頼してもいいのかな」と思っている人もいるかもしれません。そのため，ソーシャルワーカーが最初にすることは，相談者の発言を否定しないで，共感しようという姿勢をもって，じっくり話を聴くことです。そして，相談に来た人の気持ちを支えつつ，「この人だったら本当のことを話してもいいかな」と思ってもらえる関係を築くことです。

次に行うことは，相談に来た人の話を整理しながら，困っていること（主な訴えであるため「主訴」といいます）を明らかにすることです。1回の面接では困っていることがわからないこともあります。その場合は，何度か面接する機会を設けます。ソーシャルワーカーは相談に来た人に，「また話してもいいな」と思ってもらえることが求められます。

明らかになった困りごと（主訴）が，ソーシャルワーカーが対応する課題でないこともあります。その場合は，その課題に対応してくれるところを紹介します。しかし，ソーシャルワーカーが対応する課題であった場合は相談を継続し，課題を改善・解決するための方法を考えます。その方法が図Ⅱ－1で示した以下の内容です。

（2）資源を紹介する（資源を結びつける）

生活課題を改善・解決するためにもっとも多く用いられる方法が，社会資源を紹介することです。社会資源には，法制度に基づく福祉サービス（フォーマルな社会資源）や，ボランティア，地域住民（インフォーマルな社会資源）があります。前者は，児童福祉法に基づく児童相談所や児童養護施設，介護保険法に基づく指定介護老人福祉施設（特別養護老人ホーム）やホームヘルプサービス，障害者総合支援法に基づく障害福祉サービス（たとえば，障害者支援施設や就労支援事業所などの利用），生活保護

法に基づく扶助（たとえば，生活扶助や医療扶助）などです。

　こうした社会資源の紹介を通して，サービス利用者の自立心を妨げることなく（必要に応じて意欲を引き出し），その人に応じた自立を支援する専門職がソーシャルワーカーです。

（3）連携・協働する

　ソーシャルワークは，一人ひとりの「生活」に関わります。生活には，食事や入浴などの日常，家庭，学校（教育），職場・仕事（収入）と買い物（支出），地域での活動や余暇活動，医療などさまざまな側面があります。
　しかし，何らかの理由で，生活のどこかの側面に支障をきたし，困るときがあります。たとえば，高齢で身のまわりのことができなくなった，夫婦仲が悪くなり，そのイライラから子どもを虐待してしまっている，いじめで学校に行けなくなった，仕事を解雇され収入がなく困っている，地域のなかで孤立している，入院費の支払いが難しい，といった状態です。
　ソーシャルワーカーは，その人の生活を支援する仕事であるが故に，こうした生活の全般に関わります。そのため，介護が必要な人に対しては介護福祉士と，いじめの問題であれば教師と，また，地域で孤立している人に対しては地域の人と連携・協働しながら，対象となる人と関わります。このようにソーシャルワーカーは，必要に応じてさまざまな立場の人と連携・協働します。

（4）環境に働きかけ整える

　人間一人ひとりは異なる存在です。なかには生まれながら心身に重い障がいがある人もいれば，100mを9秒台で走れる人もいます。まず確認しておきたいことは，能力の有無にかかわらず，人間一人ひとりはかけがえのない存在，大切にされなければならない存在であるという点です。

そうした存在である人間が，社会のなかで暮らすことが困難になるか否かは，「個人の能力と環境の支え」で決まります。たまたま，生活していくうえでの能力が低くとも，それを支える環境があればいいのです。しかし，支える環境がなければ，生活することが困難になります。
　こうした考えに基づきソーシャルワーカーは，一方では，その人ができる範囲のことはその人自身で行えるよう，その個人に働きかけます。そしてもう一方では，その人にできないことは支えられるよう，環境を整えます。
　たとえば，発達障がいは身体障がいに比べると，わかりにくい障がいです。そのため，まわりに発達障がいへの理解がなく，「やればできるのに怠けている」とか，「変わった言動をする」と非難されたりすることがあります。そのため，学校や職場に行きにくくなる場合もあります。こうした状況のなかソーシャルワーカーは，周囲の人（環境）に，発達障がいについての理解を促すことで，発達障がいのある人が活動しやすい環境を整えます。

（5）資源を創る

　生活困難を抱えている人は，どこかの地域で暮らしています。しかし，その地域にある社会資源では対応できない生活困難もあります。1つ例をあげてみます。地域にはたくさんの一人暮らしの高齢者がいます。なかにはほかの人と話をしたり交流したいのに，そうした場所や機会がなく，また，身体も衰えてきたため，家のなかに引きこもりがちな高齢者もいます。こうした孤立も生活困難の1つです。
　この課題に対応する社会資源に「ふれあい・いきいきサロン」というものがあります。これは，「地域を拠点に，住民である当事者とボランティアとが協働で企画し，内容を決め，ともに運営していく楽しい仲間づくりの活動」のことです。こうしたサロンづくりのお手伝いをすることもソー

シャルワーカーの仕事です。

（6）気づく・予防する

　ソーシャルワーカーは，本人や家族，あるいは支援を必要としている当事者に関わっている人から相談を受けます。そこからソーシャルワークが始まることが多いです。しかし，相談を受けるという「受け身の姿勢」だけでは，ソーシャルワーカーとして十分な仕事はできません。なぜなら，それぞれのソーシャルワーカーが働いている地域には，つらい状況にあるにもかかわらず，その状態を伝えられない人がいるからです。

　さらにいえば，ソーシャルワーカーは生活困難になることを予防することが求められています。従来の社会福祉やその実践であるソーシャルワークは，生活が困難になったら対応していました。しかし，介護保険制度でも導入されているように，「予防」という観点も必要です。

　気づいたり予防をしたりするために，ソーシャルワーカーは地域の人たちとのつながり（ネットワーク）を創ります。そうすることで，生活困難になりそうな人や困難な状態に陥っている人に気づき対応することが可能となります。

　ほかの職場と同様に，ソーシャルワーカーも仕事に追われています。必ずしも時間的なゆとりがあるわけではありません。だからといって，相談に来る人だけに対応するのではなく，自分が抱えている仕事を整理することで時間をつくり，支援を必要としている人のところへ自らが出向く「能動的な姿勢」がソーシャルワーカーには求められます。

　以上が，ソーシャルワークの概略です。この後は，ソーシャルワークという言葉に込められた意味を掘り下げて，ソーシャルワークという仕事がどういう仕事であるのか，そのもっとも大切な点を説明します。

ソーシャルワークにおける「ソーシャル」の意味

(1) 先行研究におけるソーシャル（社会的）の意味

❶社会福祉学

　先行研究とは，ある研究テーマについて，これまでに行われてきた研究のことです。そして，社会福祉学とは，ソーシャルワークを含む社会福祉を対象とする学問です。社会福祉学者の空閑浩人さんは，ソーシャルワークの本質は「関わり」であるといいます[1]。そして，「ソーシャルワークの『ソーシャル』とは，ソーシャルワークがその支援の対象とする人々にとっての『他者や場所との関係および関係性』ということができる」[2]と述べています。

　つまり，ソーシャルとは「私と他者，人と人，人や場所との関わり」ということです。

❷社会学

　社会を対象とする学問が社会学です。社会学者の市野川容孝さんは『社会 the social』という本のなかで，社会学は「社会的」という言葉が宿していた「価値や規範といった意味合い」を忘却してしまったと指摘しています[3]。先の空閑さんの説明に示されているように，社会福祉学においても事情は同じです。

　では，「社会的」という言葉が宿していた「価値や規範といった意味合い」とはどのようなものでしょうか。市野川さんは，ジャン＝ジャック・ルソーにその答えの起源を見いだします。

(2) ルソーにおけるソーシャル（ソシアル）

　ルソーがソーシャル（ソシアル）という言葉を用いる背景には，人間の

社会(政治)が生み出した不平等があります。不平等な社会を正す「人と人との関わり(関係および関係性)」としてソーシャルという言葉を用いました。そこには2つの意味があります。

1つは憐れみの情(同じ国民や民族が苦しんでいるのを目にすると,嫌になる感情)であり,他者を気遣う心です[4]。こうした心は,他者に対する無関心の否定を通して,自分とは異なる者(自分との違い=差異)の尊重を可能にします[5]。そしてもう1つが,一人ひとりの違い(差異)を尊重し,平等を求めるという働き(そうした価値や気持ち)です[6]。

(3) 社会(ソサイエティ)における問題

❶ソサイエティとソーシャル

society(ソサイエティ=社会)とsocial(ソーシャル=社会的,社会に関する)の語源は,ラテン語のsocius(ソキウス)です。これは,「仲間,友,分かち合っている,結びつけられた」といった意味です。こうした言葉の意味を根底にもちながら,社会(ソサイエティ)は,親と子の関係,学生と教師の関係など,何らかの関係がある人と人との集まりを意味します。一方,「社会に関する(ソーシャル)」という言葉には,いまは忘却されていますが,他者を気遣い,平等を志向するといった意味があります。

こうした区分をふまえつつ,ルソーは社会を二重に語ります。1つは,不平等を生み出すものです。もう1つは,平等を生み出すものです[7]。そして,ソーシャルな(社会に関する)契約に,現実の不平等な社会から平等を創造するという課題を託しました[8]。

❷社会における問題

現実の社会では,不平等をはじめ,お金がなくて生活が苦しい,親が病気で子どもを養育できない,障がいあるいは高齢のため介護が必要である,仲間はずれ(排除),虐待や暴力など,人が人として暮らしていくうえでのさまざまな問題が生まれています。これらは,①社会の仕組みがもたら

す問題であり，②それだから，みんなで考えなければならない問題です。

　こうした社会における問題には，2つの側面があります。1つは「社会のなかで生きている"一人ひとり"の生活困難」という側面です。もう1つは「"社会の仕組み"や"自分の利益しか考えない行為"がもたらす不平等や格差」という側面です。

（4）ソーシャルを生み出す「人間の〈自然な社交性〉」

　他者を気遣い，平等を志向する「ソーシャル」という運動・価値を生み出すのが，ルソーがいう「人間の〈自然な社交性〉」です。

　ルソーの基本的な考えは，人間は善い者として生まれるけれど，社会は人間を堕落させるというものです[9]。社会は人間を自己中心的な存在にしてしまいますが，人間はそうした傾向に抗する自然本性を宿しています。それをルソーは，『人間不平等起源論』のなかでは「憐れみ」と表現し，『エミール』では「良心」と表現しました。

　憐れみとは，自分の同胞（同じ国民や同じ民族）が苦しんでいるのを目にすることに，生まれつきの嫌悪を感じる気持ち・感情です。これは，弱く，さまざまな不幸に陥りやすい人間という存在にふさわしい素質です。そして，あらゆる反省に先立つ自然の純粋な心の動きであり，それだけ普遍的で，人間にとって有益な徳です[10]。一方『エミール』における良心は「自己を他人への『依存』に陥らせる情念を抑え，自他の立場の平等化を実現することによって満足する感情」[11]のことです。こうした良心は，人間一人ひとりの独立（一人ひとりの違いを尊重し，その人に応じた自立をする）を求めながら，同時に，平等を求めます[12]。

　人間には自分と他人を比べ，ほかの人に優越したいという気持ちがあります。この気持ちに基づいて，優れている，または劣っているという優劣が生まれ，優れたものは尊敬され，劣った者は軽蔑されます[13]。ここに自らの価値に対する誇りの気持ちである自尊心が生まれます[14]。こうした意

味における自尊心が，他人の利益を犠牲にして自分の利益を計ろうとする欲望（自己中心性）を生み，憐れみの情を抑圧し，不平等を生み出します[15]。

ルソーが見いだした「自然な社交性（ソーシャルなもの）」とは，自分中心の欲望とその欲望によって生み出される不平等に抗し，他者を気遣い，その人の自立心を助長しながら，不正によって生じる不平等を正そうとする気持ちと価値観なのです。

（5）ソーシャルワークの意味内容

「人間」という言葉に表れているように，私たちは人と人との間（関係）のなかで生まれ，育ち，そして死んでいきます。そうした社会的存在である人間は，相反する2つの可能性を宿しています。1つは自己中心性（利己心）です。もう1つは他者を思いやり，平等を求める社会性です。この2つを並べると，前者は悪いこと，後者が善いことと思うかもしれません。しかし，必ずしもそうとはいえません。たとえば，公正なルールがある競争的市場という経済の仕組みのなかでは，個人の利己心に基づいて行動した結果が，利他心や仁愛に基づいて行動した場合よりも，より社会一般の利益（公共の利益）を増進させます[16]。しかしながら，社会一般（全体）の利益が増大しても，自己中心性（利己心）だけでは，そこで生まれた富（利益）の分配において著しい格差が生まれ，困難な状況に陥っている人への思いやりの欠如が懸念されます。

こうした状況・心配に対して，自己中心性と社会性がバランスを保ちながら，ともに生きる社会を構築していこうとする仕事（活動）がソーシャルワークです。これまでの考察をふまえると，ソーシャルワークという仕事は，次のように理解することができます。

ソーシャルワークは，社会が生み出す諸問題に対して，相談援助という

関わりを通して，その改善・解決を図る専門職（仕事・活動）です。その関わりは，一方では，その人を気遣い，また，差異を尊重したうえで，その人に応じた（その人に固有な）自立を支援します。そしてもう一方では，社会における不平等を正し，一人ひとりが等しく扱われる社会（平等な社会）の実現をめざします。こうした活動の根底には，人間の自然な社交性（ソーシャルなもの）があります。

3 ソーシャルワークにおける「ワーク」の概略

「ソーシャル」という言葉に込められた意味を実現する専門職がソーシャルワークです。ここにおける「ワーク」とは，主に「相談援助」を行う専門職のことです。この点が，「介護」を行うケアワークと異なる点です。ソーシャルワークという専門職を理解するためには，ソーシャルワークの対象や目標を知る必要があります。以下では，これらの点について説明します。

（1）ソーシャルワークとケアワーク

社会福祉の仕事にはソーシャルワーク（social work）もあればケアワーク（care work）もあります。SocialもCareも，ともに他者を気遣うといった意味をもっています。それは，社会福祉という営みの根幹には「他者を気遣う」ことがあるからです。

しかし，仕事内容は異なります。ケアワークは，日常生活（食事，排せつ，入浴，歩行など）の困難に対して「介護」を行います。これに対してソーシャルワークは，社会生活（日常生活，家族関係，地域生活，学校での関係，仕事，収入，健康，生きる意欲や生きがいなど）の困難に対して「相談を通した援助」を行います。

（2）相談援助という方法

　ソーシャルワークを相談援助と理解している人がいます。しかし，これはソーシャルワークの一面に過ぎません。というのも，ソーシャルワークには，対象，目標，そして方法がありますが，相談援助は，ソーシャルワークの方法（目標を達成するための手段）を言い表しているに過ぎないからです。ソーシャルワークという仕事を正しく理解するためには，ソーシャルワークの対象，目標，そして，相談援助における視点や考え方を理解する必要があります。

（3）対象

　対象とは，ソーシャルワークという仕事が働きかけるべき問題を意味します。それには，次の2つがあります。

❶個人または家族が抱えている問題

　個人あるいは家族が，生活するうえで困っている問題です。以下は一例です。

　「収入がなくて生活が苦しい」「高齢になり介護が常時必要であるが，介護する人も病気になり困っている」「引きこもり状態が続いている」「親に殴られ，さらに『お前なんか産まなければよかった』といわれるなど心身の虐待を受けている」「心の病で仕事ができなくなり困っている」。

❷地域または社会が抱えている問題（個人や家族を取り巻く環境の問題）

　地域や社会における支え合いの仕組みを含んだ，個人や家族が暮らしている社会的環境に関する問題です。以下は一例です。

　「一人暮らしの高齢者を見守ったり支えたりする地域の仕組みが不十分である」「障がいのある人が高校（特別支援学校）卒業時に選択できる進路が極めて少ない」「ある難病で苦しんでいる人の生活を支える制度がない」「働きたいのに働けるところがない」。

（4）目標

　目標とは，ソーシャルワークという仕事が実現をめざしている状態のことです。それは，次のような状態です。

❶個人または家族

　その人に応じた自立（自分の気持ちを大切にして，自分でできることは自分で行い，できないところは支援を利用する）や，家族が家族としての働き（養育する，安らぎの場となるなど）ができている状態です。

❷地域または社会

　障がいがあってもなくても，健康で文化的な暮らしが地域でできることです。あるいは，この世に生を受けたすべての"一人"が社会から排除されることなく，適切な関係（必要に応じて支え合う関係，支配や暴力・虐待などがない関係）で結ばれている社会を創ることです。

 相談援助における視点や考え方

　本章の冒頭で示したように，ソーシャルワークは，「相談援助」という関わりを通して行われます。その関わりは，次のような視点や考え方に基づいています。

（1）利用者の視点・立場に立つ——想像する

　ソーシャルワーカーは，支援を必要としているその人と同じ立場には立てません。しかし，その人には世界がどのように映り，いまの状況をどのように感じているのかを想像し，感じようとすることはできます。

　筆者は大学で「生と死の教育」という科目を担当しています。その科目の試験で，次のような答案を書いた学生がいました。

「私は保育士である母親から，虐待で亡くなった幼い子どもの話を聞いたことがあります。そのとき私は思いました。亡くなる直前，その子に世界はどのように映っていたのだろう」

　利用者の視点・立場に立つということは，この学生のように，その子ども（人）の立場に立って想像することです。

（2）関係形成

　知的障がい，精神障がい，認知症，引きこもり，非行，多額の借金があり人と関わりたくない人など，コミュニケーションをとることが困難な人がいます。ソーシャルワーカーは，人と人との"つながり"をもたらしたり，歪んだ"つながり"を修正したりします。そのため，最初に，ソーシャルワーカーが"つながり"を必要としている人と関わります。しかし，それは，必ずしも簡単なことではありません。

　関わりをもつためには，まず，"つながり"を必要としている人，虐待や暴力あるいは支配といった"歪んだ関わり"で苦しんでいる人に気づかなければなりません。気づいたとしても，関わりを歓迎してくれるとは限りません。なぜなら，「いまの自分の状況を知られたくない」という気持ちがあったり，人を信じられなくなったりしているからです。そのため，ある児童相談所のソーシャルワーカーは「子ども虐待や非行に関する相談は，当事者である子どもやその養育者が，児童相談所の関わりを必ずしも望んでいるわけではない。むしろ，私たち児童福祉司は招かれざる客であることが多い」[17]と書いています。また，知的な障がいがあり，コミュニケーションが困難な人もいます。

　こうした状況のなかで，"つながり"を必要としている人と関わるには，専門的な価値（人間理解と価値観），知識（その人の病気・障がいや心理に関する知識），そして技術（コミュニケーションをとる技術や自分の感

情をコントロールする技術）が必要となります。

（3）対等な関係——パートナーシップ

　ソーシャルワーカーは専門職です。専門職には，自らが専門とすることについてたくさんの知識や経験があります。そのため，ともすると上から目線（偉そう）になりがちです。しかし，ソーシャルワーカーは同じ目線・対等な関係のもとで支援します。これを示すエピソード[18]を紹介します。最初が同じ目線・対等な関係でない例で，その後が同じ目線の例です。
　フリーライターの社納葉子さんは，娘さんの1歳児健康診査のとき，ゆっくりと座るスペースがないなかで，じっとすることが難しい年齢の子どもと長い時間待たされました。そんな状況のなかで，おとなしくしていない子どもの頭を叩くと，専門職である保健師に注意され（正しいことなので文句はいえない），さらに，子育てについていろいろチェックされました。
　ところが別のときの話です。仕事で遅くなり託児所に娘を迎えに行った後，お金はあまりないけれど，家に帰らなければならなかったのでタクシーに乗りました。もっているお金で行けるところまで行き，所持金ギリギリのところで「ここで止めて下さい！」といったところは，真っ暗な下り坂でした。すると，タクシーの運転手はメーターを倒し「お金はいいから明るいところまで行きましょう」といい，家の近くの十字路まで行ってくれました。
　社納さんは「象徴的だと思うのは，2つのエピソードに登場する人の『目線』だ。保健師は私と向かい合って座り，娘を叩いた私を見て（チェックして）いた。タクシーの運転手は運転席に座り，私がこれから子どもと歩いて帰るという真っ暗な坂を見ていた」[19]といいます。
　これはソーシャルワーカーの例ではありませんが，ソーシャルワークでいう「対等な関係」を端的に示しています。同じ方向を見てともに歩む。簡単なことではありませんが，これが「対等な関係（パートナーシップ）」

の意味です。

（4）本人意思と自己決定の尊重

　親は子どものためを思い「ああしなさい。こうしなさい」と干渉します。同じように専門職の人は，対象となる人に対して専門的見地から意見を述べます。難しい言葉でいえば，「ある人が，相手の意思とは関係なく，『その人の利益になることだから』と思って干渉すること」をパターナリズムといいます。ジョン・スチュアート・ミルが『自由論』のなかで「人間は自分の意見や好みを，行動のルールとして人におしつけたがるものだ」[20]というように，私たちは自分が「善い」と思うことを人に押しつけたがります。

　ソーシャルワークは，「その人のため」と考え，福祉サービスを必要とする人に対して「干渉的」になりがちです。干渉が「すべてダメだ」ということではありません。親にしても専門職にしても，その意見のなかには，真に有益なものが多くあります。気をつけなければならないことは，「相手の意思とは関係なく」というところです。

　筆者は1980年代の前半に大学を卒業して，知的障がいのある人たちが暮らす施設の職員になりました。当時は，保護者も職員も，「知的な障がいがある人は，自分自身にとって利益になることについて，適切に判断することができない。だから，保護者や職員がその人の代わりに，その人にとって利益になると思われることを決める」というパターナリズムの考えが一般的でした。

　しかし，考えてみてください。人が，自分の気持ちを表現できず，自分で物事を決めることができなければ，生きていく意欲を失い，人に依存するようになってしまいます。そして，自尊感情（自分を大切に思う気持ち）が失われてしまいます。ミルが『自由論』で「自分自身にたいして，すなわち自分の身体と自分の精神にたいしては，個人が最高の主権者なのであ

る」[21] というように，一人ひとりが自分の人生の主人公です。人生の主人公として生きていくため，そして意欲をもっていきいきと暮らしていくために，ソーシャルワークでは，本人意思の尊重と自己決定を大切にします。

（5）環境に目を向ける──エコロジカル視点

　私たちは，目の前にあることに目（関心）を奪われ，なかなか，その背景や環境に目（関心）を向けることができません。そのため，自力での生活が難しい人を見ると，そうなった原因や責任を，目の前のその人に求めがちです。

　1つ例をあげてみます。身体に障がいがあり，自力では生活できない人がいるとします。その場合，「何で，その人は自力で生活することができないのか」と聞かれれば，「その人に身体障がいがあるから」と多くの人が答えるでしょう。私たちは，生活困難の理由（原因）を，目の前の障がいがある人に求めがちです。

　しかしです。身体に障がいがあり自力でできないことがあっても，それを補う介護や支える仕組みがあれば，その人は，生活することができます。すなわち，「環境」が整っていないから，障がいのある人の生活が困難になっていると考えることもできます。そのため，人と人との「つながり」や，人と制度との「つながり」を調整するソーシャルワーカーは，環境にも目を向け，そこを整えることで生活困難の改善・解決を図ります。

（6）抑圧されている力や可能性を引き出す──エンパワメント

　養育や教育がほとんど行われない環境，虐待や暴力が日常的に行われている環境，こうした環境で生まれ育つと，その人が宿している，学ぼうとする気持ち，自分を大切に思う気持ち，人を信じる気持ち，力や可能性が

育まれません。

　たとえば、「お前なんか産まなければよかった」「お前が産まれたから私の人生が狂った」などといわれ続けて育った子どもを想像してみてください。親から愛されないため、自分を大切に思う感情（自尊感情）が育ちません。また、家に居場所がなく、ほとんど外で過ごすため勉強ができず、勉強に対する関心も失われるかもしれません。学校がつまらなくなり高校を中退してしまう人もいます。高校を中退して働こうとしても安定した仕事に就くことが難しく、不安定な生活、困難な生活を強いられることもあります。このように不適切な環境が、その人が宿していた力や可能性を抑圧していきます。

　ソーシャルワーカーは、一方では、その人の力や可能性を抑圧する環境に目を向け、もう一方では、その人の力や可能性に目を向けます。そして、人と環境の双方に働きかけ、その人が宿している力や可能性を引き出そうとします。そうすることで、その人が、自らの意思や判断（決定）によって暮らしていけるように支援します。

（7）長所に目を向け、それを活用する──ストレングス視点

　人は誰でも「できないこと」や「苦手なこと」があります。しかし、その一方で、さまざまな長所というか強みのようなもの（ソーシャルワークではストレングスと表現します）もあります。また、一見して短所と思われていたものが、見方を変えると（リフレーミングといいます）、その人の強みになる場合もあります。たとえば、「頑固である」という短所は、見方を変えれば「意思が強い」と、「消極的」は「慎重」ととらえることができます[22]。

　ソーシャルワーカーは、そうした"その人の長所・強み"に目を向け、それをその人に応じた自立を促すために活用します。

　ここで紹介した、利用者の視点・立場に立つ（想像する）、関係形成、

対等な関係（パートナーシップ），本人意思と自己決定の尊重，環境に目を向ける（エコロジカル視点），抑圧されている力や可能性を引き出す（エンパワメント），長所に目を向け，それを活用する（ストレングス視点）は，ソーシャルワークという専門職を支えている基本的な視点であり考え方です。

　さて，こうした内容をもつソーシャルワークという仕事が，今日ますます必要になっています。次の章では，その理由を説明します。

[文献]
1) 空閑浩人『ソーシャルワークにおける『生活場モデル』の構築——日本人の生活・文化に根ざした社会福祉援助』ミネルヴァ書房　2014年　p.36
2) 同上書　p.66
3) 市野川容孝『思考のフロンティア　社会』岩波書店　2006年　pp.35-36
4) 同上書　p.97, 106
5) 同上書　p.126
6) 同上書　pp.99-101, p.127
7) 同上書　pp.99-100
8) 同上書　pp.100-101
9) 今野一雄「解説——ある読者のために」ジャン＝ジャック・ルソー／今野一雄訳『エミール（上）』岩波書店　1962年　p.6
10) ジャン＝ジャック・ルソー／中山　元訳『人間不平等起源論』光文社　2008年　p.102, 104
11) 佐藤真之『ルソーの思想とは何か——人間であり、市民であること』リベルタス出版　2012年　p.84
12) 同上書　p.169
13) 前掲書10）　pp.126-137
14) 中山　元「解説」ジャン＝ジャック・ルソー／中山　元訳『人間不平等起源論』光文社　2008年　p.351
15) 前掲書10）　pp.146-150, 189-190
16) 岩田規久男『経済学を学ぶ』筑摩書房　1994年　p.135
17) 岩田充宏「Chapter 2　児童・青年　Ⅰ　児童相談所のソーシャルワーク」杉本貴代栄・須藤八千代・岡田朋子編著『ソーシャルワーカーの仕事と生活——福祉の現場で働くということ』学陽書房　2009年　p.87
18) 社納葉子「『支援』とは何か」井上寿美・笹倉千佳弘編著『子どもを育てない親、親が育てない子ども——妊婦健診を受けなかった母親と子どもへの支援』生活書院　2015年　pp.180-182
19) 同上書　p.182
20) ジョン・スチュアート・ミル／斉藤悦則訳『自由論』光文社　2012年　p.39
21) 同上書　p.30

22）平尾　渉・山本眞利子「リワークプログラムにおけるストレングスカードとストレングス
　　TEBBカードを用いた認知行動療法的アプローチの実践的試み」久留米大学心理学研究編
　　『久留米大学文学部心理学科・大学院心理学研究科紀要』13　2014年　p.77

第 4 章

現代社会において必要なソーシャルワーク

1 本章の全体像

　ソーシャルワークは他者を気遣い，かつ，平等な社会の実現をめざす活動です。他者を気遣うという点は，同じ社会福祉の仕事であるケアワークと共有している側面です。これに対して，平等な社会を実現する（不平等を正す）という点は，ソーシャルワークの固有な側面です。ここを理解してもらうために，まず，現代社会とそこにおける諸問題を，次いで，不平等および正義という考え方を理解する必要があります。とはいえ，どちらも簡単なことではありません。そのため，2つの図を作成しました。

　図Ⅱ-2は，この章の前半（2節から4節）の概略を示しています。現代の日本社会は，超高齢社会，格差社会，家族・地域社会・職場といった中間集団の機能が衰退した社会を迎えています。そうしたなかで，社会的不平等，介護の問題，貧困の拡大・深刻化が進み，餓死，無縁死・孤独死，虐待といった深刻な問題が起こっています。こうした問題を簡素に言い表せば，「一人ひとりの尊厳と人権が守られず，社会的不平等が正されていない状況」といえます。

　図Ⅱ-3は，この章の後半（5節から8節）のカギとなる不平等のイメージを示しています。不平等には自然的不平等と社会的不平等があります。これを理解するためには，「生まれる前」と「生まれた後（私たちが暮ら

第Ⅱ部　これがソーシャルワークです

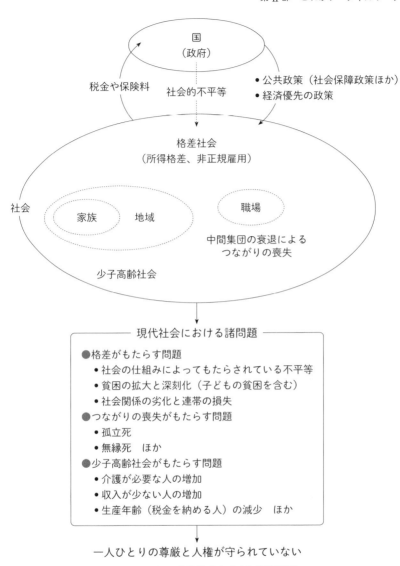

図Ⅱ−2　現代社会における諸問題

注）家族，地域社会，職場を囲んでいる波線の円は中間集団を表しています。中間集団とは，個人と社会の間にある集団のことです。

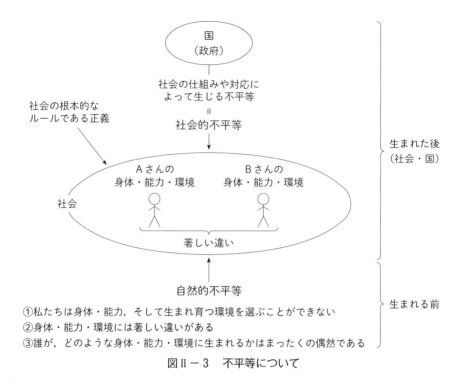

図Ⅱ-3　不平等について

している社会と国）」を分けて考える必要があります。「生まれる前」を想定する理由は、①私たちは身体、能力、そして生まれ育つ環境を選ぶことができない、②身体、能力、環境には著しい違いがある、③誰が、どのような身体、能力、環境に生まれるかはまったくの偶然であるという事実（自然的不平等）を示すためです。自然的不平等のなかで、とくに環境に関することは、社会と国がある程度は正すことができます。にもかかわらず、そうしないことによって生じる不平等が社会的不平等です。不平等を是正することが正しいこと（正義）です。そして、正義こそが社会という仕組み、つながりが備えるべき根本的ルールです。

　後半では、ソーシャルワークは社会的不平等を正すことを通して、一人ひとりの尊厳と人権を守る仕事であり、現代社会において必要であることを説明します。

2 いまの日本社会

（1）超高齢社会――人口という観点

『平成28年版高齢社会白書』によると，2015年10月1日現在，総人口に占める65歳以上の高齢者の割合（高齢化率）は26.7%でした。人口の4人に1人以上は65歳以上の高齢者です。高齢化率が21%を超えると超高齢社会といいますが，2007年から日本は超高齢社会になっています。

65歳以上といっても働いている人もいますし，元気な人もいます。その一方で，加齢にともない介護が必要となっている人も多くいます。長引く介護による介護疲れ，認知症の人の介護，高齢者が高齢者を介護する老老介護など，これらの問題を耳にしたことがある人は少なくないと思います。しかし，超高齢社会の問題は介護の問題だけではありません。

『下流老人』という本を執筆した藤田孝典さんは社会福祉士（ソーシャルワーカー）であり，これまで12年間，生活困窮者と呼ばれる人たちと向き合う相談支援の現場で働いています。相談に来られるかたのうち，約半数が「貧困」を抱えた65歳以上の高齢者で，相談内容は「アパートの家賃が払えない」「病院にかかれない」など多岐にわたるといいます[1]。藤田さんはこうした現場経験をふまえ，下流老人を「国が定める『健康で文化的な最低限度の生活』を送ることが困難な高齢者」と定義しています[2]。そして，そうした高齢者の具体的な姿を，①収入が著しく少ない，②十分な貯蓄がない，③頼れる人間がいない（社会的孤立）と説明しています[3]。

（2）格差社会――経済・労働という観点

❶所得格差

相対的貧困率という数字があります。これは，図Ⅱ－4のように，まず，

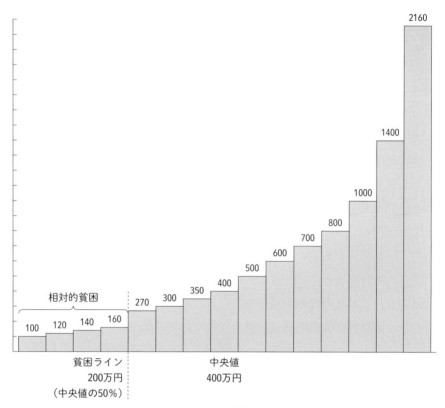

図Ⅱ－4　相対的貧困

出所）山野良一『子どもに貧困を押しつける国・日本』光文社　2014年　p.30を改変

　（世帯規模を調整して）人の所得を低い順から並べます。次に，真ん中の順位（中央値）の人の所得を確認します。この図の場合，400万円です。さらに，真ん中の人の所得の"半分未満の所得（図でいえば200万円以下）しかない人"を確認します。

　このようにして，「並べた全体の人数に対し，真ん中の所得の，さらに"半分未満の所得しかない人"の割合」，図でいえば，全体の人数に対して相対的貧困にいる人の割合が相対的貧困率です。

　相対的貧困は絶対的貧困とは違います。絶対的貧困とは，食べるものが

ほとんどなく、生命や健康に影響を及ぼすような困窮状態です。これに対して相対的貧困は、ほかの人たちと比べて貧しいということです。こう聞くと、「何だ、たいしたことはないじゃないか」と思うかもしれません。しかし、そうではありません。相対的貧困とは、「給食費が払えないので、みんなが給食を食べているのに、一人、家から持ってきた塩おにぎりを食べているような状態」[4]、すなわち、人前で恥を感じてしまうような生活状態[5]のことなのです。

こうした相対的貧困率の推移を見ると、1985年は12.0%だったものが、2012年には16.1%に上がっています。また、子どもの貧困率という数字もあります。これは、子ども（18歳未満）全体に占める、相対的貧困の世帯に属する子どもの割合です。こちらも、1985年は10.9%だったものが16.3%に上がっています。

その一方で、上位5％の高額所得者の所得占有率(課税前所得)は、1990年代前半は20%程度だったものが、2000年前半には25%に上がっています[6]。日本国民の全体の所得に占める高額所得者の割合は増えているのです。

一方では貧困状態の割合が広がり、もう一方では高額所得者はますます所得を得ています。すなわち、所得格差が広がっているのです[7]。

❷非正規雇用労働者の問題（労働）

非正規雇用労働者の全雇用者に占める割合は、1984年は15.3%でしたが、2014年には37.4%になっています。このうち、正規雇用労働者として働きたいのにその機会を得ることができず、不本意ながら非正規雇用労働者として働いている人が、非正規雇用労働者のなかに18.1%います。これを年齢別で見ると、25歳から34歳が28.4%と高い値になっています。

非正規労働者は解雇されやすく、賃金も低いです。加えて、研修などを通して自分の能力を開発したり、もしものとき（病気や失業など）に備える保険に加入したりする機会が、必ずしも保障されていません。

（3）中間集団（家族・地域・職場）の機能衰退
　　　──社会という観点

❶家族機能の衰退（家族）
　家族とは，結婚で結ばれたり，親子といった関係で結ばれたりしている集団のことです。そこには，養育，安らぎ，居場所，支え合いといった働きがあります。家族といっても，いっしょに暮らしていない人もいますので，ここでは家族を世帯（住居・生計を同じくしている者の集団）ととらえ，その変容を見てみます。

　世帯の変容を見ると，昭和時代ではまだ，4人世帯（親子2世帯の核家族）がもっとも多い家族形態でした。しかし，いまもっとも多いのは2人世帯，1人世帯です[8]。親子がいっしょに暮らしていない世帯も多く，結婚しない人も多くなっています。

　このように家族がもっている養育，安らぎ，居場所，支え合いといった働きが，以前のように果たせなくなってきています。それどころか，介護疲れ，児童や高齢者の虐待，配偶者による暴力などが社会問題となっています。

❷地域社会の衰退（地域）
　地域社会とは，居住地を中心に広がる一定範囲の空間のことです。そこには，住む場所（土地）があり，それぞれの土地の風景（自然）や街並みがあります。また，住居を拠点に人々の暮らしが営まれています。こうした地域社会には，安心できる場所，帰属意識（故郷），支え合い，または分かち合いといった働きがあります。

　『国土交通白書2006　平成17年度年次報告』によれば，今日の地域社会は人々の関わり（絆）が弱まり，地域への愛情や帰属意識も低下しています[9]。また，2005年にOECD（経済協力開発機構）が行った調査では「友人，同僚，その他宗教・スポーツ・文化グループの人とまったく，あるいは，めったに付き合わないと答えた人」（社会的孤立）の比率は15.5％と，

OECD諸国のなかで日本が1位でした。関わり（絆）が低下した結果，無縁死（誰にも引き取られない遺体）が3万2,000人にもなっています[10]。

❸日本型企業の衰退（職場）

日本型企業と呼ばれる形態があります。その特徴は，長期雇用制度（終身雇用制度），年功賃金制度（年功序列制度），そして企業別組合です。こうした日本型企業には，生活の安定，職場を通した人とのつながり，自分の居場所（所属意識），そして，仕事を通して自分を形成するといった働きがありました。

しかしながら，非正規雇用労働者の割合が多くなることにより，職場における「生活の安定」や「仕事を通して自分を形成するといった働き」が弱まりました。また，内閣府の調査によると，「職場を通した人とのつながり」[11]や，職場に対する帰属意識も弱まっていることがわかります[12]。

（4）経済成長と再分配——政治という観点

私たち一人ひとりは，働くことでさまざまな物やサービスを生み出します。それが収入という形で，自分の手元に入ります。一定期間に国内で生み出された収入の合計金額を国内総生産（GDP）といいます。人々の能力や仕事によってもたらされる収入には大きな違いがあります。たまたま能力と仕事に恵まれた人は多くの収入を得ることができますが，能力や仕事に恵まれなかった人は仕事に就くことができなかったり，就けても低い収入しか得られなかったりします。後者の人は最悪の場合，料金が支払えないためにガスや水道が止められ，食べるものも買うことができないために餓死してしまいます。こうした格差を是正するために行われるのが再分配です。再分配は，政府が国民や法人などから税金や社会保険料を徴収し，それを，公共政策（たとえば，社会保障の制度など）を通して，改めて分配（再分配）することです。

さて，たまたま能力や仕事に恵まれず，生活が苦しい人に対して，政府

（国）が対応するやり方には，大別すれば2つの方向があります。1つは経済成長です。この方向の背景には，経済が成長し，「お金持ちの人がよりお金持ちになれば，自ずとその富が社会全体に行きわたる」という考えがあります。これをトリクルダウン（しずく＝トリクルが，落ちてくる＝ダウンする）理論といいます。もう1つは再分配です。

これまで，経済成長と再分配は，「どちらかをとればどちらかが失われる」と考えられてきました。そのため，小泉政権にしても第1次および第2次安倍政権にしても，経済成長（トリクルダウン理論）がとられてきました[13]。これにより，日本の国民一人当たりGDPは，1990年代初めにOECD加盟国中第6位まで上昇しました。しかしながら，1990年代から続いた経済的停滞のなかで徐々に順位を落とし，2000年から2013年においては17位から20位程度で推移しています。

なお，この「経済成長か再分配か」という議論については，2014年12月にOECDが『不平等は経済成長を阻害する』という報告書を発表しました。その報告書では，実証的なデータに基づき「再分配政策こそが成長戦略である」と主張しています[14]。

3 現代社会における諸問題

（1）格差が問題である理由

もし，一生懸命働いても働かなくても，得られる所得が同じであれば，人は頑張ろうという意欲を維持することができず，やる気を失うでしょう。そうすると，社会全体の収益は上がらず，社会全体が貧しくなってしまいます。格差が問題となるのは，「得られる所得が同じ（結果の平等）になっていないこと」ではありません。格差が問題である理由は，次の3点です。

❶自然的不平等（人生のスタートラインにおいて著しい不利がある）

どのような家庭環境に生まれ育つのかは，子ども本人にはどうすることもできません。にもかかわらず，そうしたことが人生において大きな不利となります。ここには，その人にはどうすることもできない「生まれながらの不利」があります。そして，そうした不利によってもたらされる子どもの貧困が，その後の人生に無視できない影響を持続的に及ぼしています[15]。

格差が問題である理由の1つめは，格差による困難な状態，そして不利が，「その人（子どもはその典型的な例）にはどうすることもできないことによってもたらされている」という点です。

❷貧困の拡大と深刻化

裕福な状態と十分に人間らしい暮らしができる状態における格差であれば，あまり問題はありません。しかし，現実の格差はそうではありません。まず，貧しい暮らしを強いられる人たちの割合を広げています（貧困の拡大）。次に，貧困は孤立を生み出し[16]，さらには，犯罪，殺人，虐待，親子の分離をも生み出します[17]。すなわち，現実の格差は貧困を生み，その貧困は孤立や犯罪・虐待といった問題を生み出します（貧困の深刻化①）。さらにその貧困は，相対的貧困だけでなく，この後に述べるように，食べるものがなく亡くなってしまう飢餓状態をも生み出しています（貧困の深刻化②）。

格差が問題である理由の2つめは，そこには貧困の拡大と深刻化が生み出されているという点です。

❸社会関係の劣化と連帯の損失

リチャード・G・ウィルキンソンという研究者によれば，格差が広がり社会が不平等になると，社会関係は敵対的になり信頼関係は希薄になります[18]。そして，社会の下層の人たちは軽蔑され見下されていると感じ，自尊心が傷つくため，それが原因となって暴力が引き起こされます[19]。また，マイケル・サンデルという哲学者（政治哲学）は「貧富の差があまりに大

きいと，民主的な市民生活が必要とする連帯が損なわれる」[20]と指摘しています。

格差が問題である理由の3つめは，格差が一定以上に広がると，社会における信頼関係や連帯といった"つながり"が失われるという点です。

（2）貧困・つながりの喪失が生み出す問題

「貧困・つながりの喪失」は，さまざまな問題を生み出しています。たとえば，介護と非正規雇用で貧しい，母子家庭のたいへんさ，自死，居場所・住む場所がない状態，孤独死・無縁死，虐待・暴力などです。ここでは具体的な問題の一例として，飢餓あるいは病死・凍死で亡くなった3人について取り上げます。その理由は，そうした形で亡くならざるを得なかった人が"現実にいたこと"を記憶にとどめておく必要があると同時に，「貧困・つながりの喪失」は，そうした状況を生み出すことを改めて理解してもらうためです。

❶母子家庭と餓死

1987年1月，中学生と小学生の子どもを残して，シングルマザーの母親が亡くなりました。生活保護を打ち切られて5年，母親は借金を重ね，親しかった友達とのつながりも生きる意欲も失っていました。死因は栄養失調による衰弱死でした[21]。

❷姉妹の病死・凍死

2012年1月，42歳のお姉さんと40歳の障がいのある妹さんの2人世帯。お姉さんが失業中で公共料金を滞納し，ガス・電気が止められているなか，お姉さんが病死し，障がいのある妹さんが凍死しました[22]。

❸「消えた子ども」と餓死

「消えた子ども」とは，住民票の住所に住んでおらず，児童相談所や市役所，学校などがその存在を把握できない子どもであり，なかには死などの重篤な状態に至る子どももいます[23]。2014年6月，生きていれば13歳の

男子が白骨化した遺体で発見されました。この男子は一度も学校に通っておらず、5歳の頃に育児放棄により餓死したものと推察されています[24]。

貧困問題への対応の難しさ

（1）見えにくい

❶データとして見えてこない

　先に相対的貧困率や子どもの貧困率というデータを示しました。これらのデータは、データの作成に協力してくれた人たちの状態を示しています。しかし、これが現実そのものではありません。たとえば、ホームレスの人、ネットカフェやファーストフード店などに行ったり来たりしながら何とか暮らしている人たちは、データ作成の調査を受けていない場合が少なくありません[25]。より深刻な貧困状態に陥っている人は、データという形で目に見えてこないのです。

❷貧困や孤立は見えにくい

　貧困は孤立を生み出します。たとえば、貧しいと、親戚の冠婚葬祭が4回あったとすれば関わるのは1回にする、近所からもらい物を4回もらったとすればお返しは1回にする、友達との飲み会も4回を1回にする……となりがちです。こうなった場合、親族関係、近隣関係、友人関係の希薄化をもたらし、場合によっては、関係が切れてしまいます。関係が切れると孤立していきます。孤立すると、その人の生活困難が周囲にはわからなくなります。こうして、貧困や孤立は周囲からは見えなくなり、データにも表れにくくなります[26]。

（2）理解しにくい──自己責任論と社会的責任論の対立

　貧困が見えたとしても，「それは自分の責任」あるいは「コツコツと真面目に努力してこなかったからであり，自業自得」と考える人も少なくないと思います。こうした考えに対して，学者や実際に貧困状態にいる人を支援している人たちは，社会の問題点を指摘します。これは，実際に関わったり社会の仕組みを分析したりしてわかった「事実」を指摘しているのであり，しっかりと耳を傾けなければなりません。

　ところが，こうした指摘を，「悪いのは社会であり，個人はまったく悪くない」という主張と誤解してしまう人がいるようです。もちろん，貧困状態の人のなかには，「どう考えても，その人にも責任はある」という人もいるでしょう。しかし，ごく一部の人を根拠に，貧困状態にあるすべての人を自業自得・自己責任ととらえてしまうのは，いくら何でも論理が飛躍し過ぎています。こうした誤解も，貧困を理解しにくくしています。

（3）他人事（ひとごと）

　藤田さんは『下流老人』のなかで，「相談に来られた人は異口同音にこうつぶやく。『自分がこんな状態になるなんて，思いもしなかった』」と述べています[27]。貧困は誰がなってもおかしくありません。しかしながら，普通に暮らす多くの人にとって，貧困はまだ「他人事」です。だから，貧困に陥ったときに「何で自分が」という気持ちになります。

　貧困の問題に限らず，さまざまな生活困難は，自分がその状態に陥らない限りは「他人事」です。私たちは，なかなか「わが事」ととらえることができません。これが，貧困問題をはじめ，生活困難という問題への対応を難しくしている要因の1つです。

5 諸問題を引き起こす要因

(1) 自然的不平等と社会的不平等

　ルソーは2種類の不平等があるといっています。1つは自然的不平等です。これは身体的あるいは精神的な不平等です。もう1つは，社会的不平等です。これは人間が社会を創り，政治を営むなかで生まれる不平等です[28]。ルソーは『人間不平等起源論』の第2部で，社会的不平等が生じる"からくり"について興味深い説明をしています。それは次のようなものです。

　①「ここは私の土地，私のもの」という考え，すなわち，「所有権」という考えをもつことで社会が生まれる。②能力のある者はたくさん仕事ができ，たくさんの富を手にする。③冶金術*や農業の発達と，人々の「名誉あるいは特権への欲望」や「ほかの人より優越したいという気持ち」により，貧富の差が拡大していく。④富める人たちは人を支配することに快楽を覚え，ほかの人を軽蔑するようになる。そして，自然の憐れみの情を窒息させ，か弱い正義の声を圧しつぶした。⑤富める人たちは，公権力の地位に就き，自分たちの富を所有権と等しいと主張する。⑥そして，そうした権利を正当に守るために法を制定する。⑦こうして社会的不平等は拡大し固定化される。

　ルソーは「身体的な違い，能力の違い」を自然的不平等といいました。しかし，金子みすゞさんが「みんなちがって，みんないい」[29]というように，身体や能力の「違い」自体は不平等として否定されるべきものでは

---

　*　鉱石などから有用な金属を採取・加工して，目的に応じた実用可能な金属材料を製造する技術。

なく,「個性」として尊重されるべきものです。問題は次の２点です。

１つめは,その人の力ではどうすることもできない不利な状況（不運）です。２つめは,その不運は社会の仕組みにより生じているため,正そうと思えば正せるのに,それをしないことです。正すことができるのに「しない（正さない）」ことを不正といいます。ルソーが暴いたのは,こうした不正の仕組みがもたらす社会的不平等（理不尽な格差）です。

（２）今日において社会的不平等（理不尽な格差）を生み出し,それを固定化する考え方

❶自己責任

貧困を自己責任という人がたくさんいます。湯浅　誠（ゆあさまこと）さんは,自己責任論の論理の展開を次のように説明しています。

①フリーターには,ちゃんとした正社員になるという選択肢があった。②フリーターは,あえてそれを選択しなかった。③本人が弱くてだらしなくて,きちんとした将来設計（自己管理）ができてないからだ。④それは本人の責任である。⑤給料が安いとか雇用が不安定だとか不満を言うのは御門違い（おかどちがい）であり,社会が甘やかしているからそうなる[30]。

湯浅さんは自己責任論の前提には①と②があることを明らかにします。そのうえで,アマルティア・センという経済学者の考えを引用し,そもそも貧困とは「他の選択肢を等しくは選べない」,すなわち①と②が成り立たない状態のことをいうのであると反論します[31]。

そもそも責任という言葉が成り立つための前提には,選択肢（選ぶことができる状況）があります[32]。選択肢がある状況のなかである決定をしたとき,その決定により生じた責め（負担）,あるいは,その生じたことに対して応えなければならないことが,責任の意味です。湯浅さんの指摘は,

貧困状態に陥っている人の多くが、責任という言葉が成り立つ前提である選択肢がなかったんだということです。湯浅さんや日雇い労働者の生活相談を続ける入佐明美(いりさあけみ)さんなど、実際に貧困やホームレス状態にある人を支援している人の言葉を聴くと改めてそう思います[33)34)]。

　ほかの選択肢を選べず、貧困に陥った人がたくさんいます。この事実に目を向けないところに「自己責任」という考えが生まれます。この考えが、社会的不平等（理不尽な格差）を生み出し、固定化する1つの要因です。「貧困は自己責任」と思い込む前に、事実に目を向け、そのうえで自分の考えをもってほしいと思います。

❷仕方ない

　これから社会福祉を学ぼうとしている大学1年生に「子どもの貧困」をテーマにしたDVDを観てもらい、その後に、子どもの貧困をどう思うか聞いてみると、「運がない」「仕方ない」と答える学生が少なからずいます。

　ここで理解してほしいことは、確かに、どのような能力をもって生まれてくるか、どのような環境に生まれるかについては仕方ない（本人に選択の余地がない）ことですが、そうした本人にはどうすることもできない理由によりもたらされる不利については、埋め合わせ（補償）しようと思えば、埋め合わせできるということです。こうした点を区別することなく、生まれながらの不利を「仕方ない」と諦めてしまう考えも、社会的不平等（理不尽な格差）を生み出し、固定化する1つの要因です。

6　社会的不平等を正すソーシャルワーカー

　社会正義はソーシャルワークを導く核心的な価値の1つです[35)]。この社会正義とは「社会の全てのメンバーが同様の権利、保護、機会、義務、社会的な利益をもつために不平等が確認され、是正されなければならないという考え方のことであり、差別、抑圧、不平等に立ち向かい、抑圧された

状況にある人々の権利を擁護する行動が含まれる」[36]というものです。

　何だか難しいことが書かれていて，よくわからないと思います。実は，ソーシャルワークにおけるこの分野の研究は必ずしも進んでいるわけではなく，社会正義の意味は広範囲におよび，かつ曖昧です[37]。定説があるわけではありません。そこでここでは，ロナルド・ドゥウォーキンという哲学者（法哲学）の考えを参考にしながら説明を試みたいと思います。

（1）不平等と正義

　平等の根幹には「等しいものは等しく扱う」という考えがあります。「等しい」とは「同じ」という意味です。これを人間にあてはめて考えると「同じ人間は同じに扱う」となります。こうした平等こそが「正義」ということです[38]。逆に，不平等とは等しく（同じ）人間なのに等しく（同じに）扱わないことです。そして，不平等とは不正義ということです。

　これらの意味を考え合わせると，「社会的不平等とは，同じ人間なのに，社会の仕組みや対応が，等しく（同じに）扱っていない」ということになります。そして，ソーシャルワークは社会的不平等（不正義）に対して，その不正を正す仕事ということになります。

（2）不平等に対する理解

　ソーシャルワーカーは一人ひとりの身体的，または能力的な「違い」を「個性」として尊重します。ジョン・スチュアート・ミルが「ひとびとが個性的であれば，その営みも個性的になるので，同じプロセスをとおして人間の生活も豊かで多様になり，活気に満ちる。……中略……個性が発展すればするほど，各人の価値は，本人にとっても，ほかの人びとにとっても，ますます高くなる」[39]というように，「違い」は「個性」であり，その個性を発展（成長）させることが，その人の幸せ（価値）と社会の豊か

さ・活気につながります。

　ソーシャルワーカーが問題とするのは，身体的，または能力的な「違い（個性）」ではなく，①その人の力ではどうすることもできない不利な状況（不運），②その不運は社会の仕組みにより正すことができるのにしようとしないこと（不正）です。ソーシャルワーカーは，「社会的不平等」は「不運」と「不正」によって生まれていると理解します。だから，そうした不平等を正そうとします。

（3）ソーシャルワーカーがめざす正義

　ソーシャルワーカーは正義をめざします。正義は社会がもっておくべき特質（根本にある規則）であり，その中心にある性質が平等です[40]。ロナルド・ドゥウォーキンは，市民がもっている権利のなかでもっとも根源的なものは，「平等な者として扱われる権利（treatment as an equal）」であり，平等を「平等な配慮と尊重を受ける権利」と表現しました[41]。人間は苦痛を感じたり失望を抱いたりする存在です。だから，国（政府）は，国民を等しく配慮を受ける権利がある者と扱わなければならず，その権利を保障する責務があります。また，人間は自らの意思に基づいて人生を切り拓いていく存在です。だから国（政府）は，そうした本人の意思や人生に対して，等しく尊重を受ける権利がある者と扱わなければならず，その権利を保障する責務があります[42]。

　これを基盤にして考えると，ソーシャルワーカーがめざす正義は，「まず，一人ひとりがもっている潜在的な可能性（力）が発揮できる機会を等しく保障すること（平等な尊重），次に，傷ついたときや困難な生活に陥ったときに――自ら生きていこうとする意欲や自尊心を失わないことに配慮しつつ――，その生活困難に等しく対応すること（平等な配慮）」となります。

（4）正義を支える考え方（根拠）

❶「権利と責務（責任）」のネットワーク

　近現代社会では，私たち一人ひとりは自由意思をもち，それによって何らかの契約を行ったところに権利と責務（責任）が生じます。社会福祉のサービスにも契約制度といった，福祉サービスを契約によって生じる権利と責務（責任）ととらえる制度があります（その典型が介護保険制度です）。

　私たちは誰もが，ある社会のなかに生まれます。どのような環境に生まれてくるのかは，本人にはどうすることもできません（本人には責任がありません）。また，障がいをもって生まれたり，困難な生活環境に生まれるのは，まったくの偶然です。

　本人にはどうすることもできないのに，そのことで著しい不利益を被るのはおかしなこと（理不尽）です。また，自分がそうなっていたかもしれないのです。そう考えると，国（政府）や私たちには，理不尽で偶然に被っている生活困難に対応する責務（責任）があることがわかります。

　社会とは，人と人との結びつきのことですが，その基盤には，権利と責務（責任）のネットワーク（網の目）があるのです。

❷本人に原因がない偶然がもたらす不利や困難

　「本人に原因・責任がない，偶然がもたらす不利や困難」を，不運であるとか「仕方ない」ととらえる人がたくさんいます。

　困難を抱えている原因が当事者にあれば，それはその人のせい（自己責任）と考えることはできます。正義（正しいこと）には，「ものごとに比例して利益や負担を分配する」という考え（分配的正義）があります。その人に原因があれば，その度合いに応じて責任（負担）を求めることは「正しい」といえます。しかし，その人に原因がないのに，その人に責任（負担）を課すことは「正しい」とはいえません。ソーシャルワーカーはこうした考えに基づき，本人に原因がなく，偶然がもたらす不利や困難を正そうとします。

❸生活困難に対応する責務（責任）

　ソーシャルワーカーは，本人に原因・責任がある生活困難でも，必要に応じて対応します。その理由は，①理由は何であれ，痛み苦しみに対して「何とかできないか」という気持ちをもっているから，②人は誰でも判断ミスなどの過ちをしてしまうものだから，③人間一人ひとりは"重みのある""かけがえのない"存在だから，④誰がいつ，同じような困難に陥るかわからないから（お互い様），⑤以上で述べたことを理由に，私たちには，そうした困難に対応する責務（責任）があるからです。

7 一人ひとりの尊厳と人権を平等に守るソーシャルワーカー

　ソーシャルワーカーは，社会の根本的なルールである正義を実現しようとします。ここでいう正義とは，一人ひとりが等しく配慮され，尊重される状態のことです。そして，「等しく配慮され，等しく尊重される」ことで，一人ひとりの尊厳と権利を守ることがソーシャルワーカーの仕事です。ここでいう尊厳と人権とは，次のような意味です。

（1）尊厳——比較不能な絶対的な価値，かけがえのなさ

　尊厳という言葉は日常では使われませんが，ソーシャルワークを含めた社会福祉においてもっとも大切な言葉です。この言葉について哲学者の御子柴善之さんは「尊厳には，誰にも侵すことができないという絶対性と，それを守らなければ毀損されてしまいかねない，という二重の意味が込められている」[43]と述べています。

　誰にも侵すことができない絶対性とは，誰が何をしようとも損なわれることのない「比較不能な絶対的な価値」のことです。たとえば，能力と資産など，私たちが善いと思ったり大切と思ったりしていることのほとんど

が相対的な価値です。それはほかの人と比べることができます。これに対して、比較不能な絶対的な価値とは、どちらが大切と比較することができない、とっても大切なもののことです。

一方、それ（尊厳）を守らなければ毀損されて（壊されて）しまいかねないとは、尊厳それ自体は、誰が何をしようとも損なわれることのない「比較不能な絶対的な価値」ですが、それをみんなで互いに守らなければ、人間は尊厳という絶対的な価値を失い、著しく傷ついてしまう（壊れてしまう）ということです。

具体的に説明します。尊厳を守らないということは、人間を能力のような相対的な価値でのみとらえ、言い換えれば、人間を奴隷のように、役に立つ道具としてのみとらえることを意味します。

では、なぜ人間には尊厳があるのでしょうか。その理由は、一人ひとりの人が、その人の死とともに消滅してしまう"かけがえのない世界"を生きているからです。その世界はその人にしか経験できませんし、ほかの人が替わって生きることもできません。一度死んでしまえば、ゲームのように復活する（生き返る）こともありません。それは、本当に尊く厳かな（おごそ）ものです。

（2）人権——人間の尊厳を守るために、人が生まれながらにもっている権利

人間一人ひとりは、その人の死とともに消滅してしまう"かけがえのない世界"を生きています。この世界に付与された絶対的な価値のことを尊厳といいます。しかし、尊厳はみんなで互いに守らなければ毀損されてしまいます。だから、そうならないように人間が生み出したのが人権（人間が生まれながらにもっている権利）という考えです。

人間は各自の尊厳を守るために人権という考えを生み出し、法を創ることで、それを権利として保障しようとしているのです。

ソーシャルワーカーは，一方では一人ひとりの尊厳と人権を守り，もう一方ではそうした尊厳と権利を守ることができるような「責任のネットワーク（支え合いの仕組み）」を創ります。

 8 だから，ソーシャルワークが必要です

　超高齢社会を迎え，年金収入の少ない人や介護を必要とする人が増えています。格差社会により所得格差や子どもの貧困が広がっています。家族や地域あるいは職場がこれまでもっていた機能が衰退しているため，居場所や支え合い・つながりが弱くなり，虐待や暴力といった問題も生じています。しかしながら，社会的不平等やこれらの問題に対して，政府の対応は十分ではありません。この状態に対して，ソーシャルワーカーは一人ひとりを等しき重み（価値）をもつ存在と理解し，「平等な配慮と尊重の権利」を実現しようとします。

　社会的不平等のなかで，人としての尊厳が侵され，困難な生活を強いられている人がたくさんいます。ソーシャルワークは，そうした人の尊厳を守り，支え合いの仕組みを創ろうとします。だから，現代社会にはソーシャルワークが必要なのです。

[文献]
1）藤田孝典『下流老人――一億総老後崩壊の衝撃』朝日新聞出版　2015年　p.46
2）同上書　p.23
3）同上書　pp.23-34
4）阿部　彩『弱者の居場所がない社会――貧困・格差と社会的包摂』講談社　2011年　p.66
5）駒村康平『中間層消滅』KADOKAWA／角川マガジンズ　2015年　p.52
6）同上書　p.80
7）前掲書4）　p.156
8）川上富雄『〔図解〕超少子高齢・無縁社会と地域福祉』学文社　2014年　p.14
9）国土交通省編『国土交通白書2006　平成17年度年次報告』ぎょうせい　2006年　pp.35-36
10）NHK「無縁社会プロジェクト」取材班編著『無縁社会――"無縁死"三万二千人の衝撃』

文藝春秋　2010年　p.16
11）内閣府編『平成19年版国民生活白書　つながりが築く豊かな国民生活』時事画報社　2007年　pp.133-134
12）同上書　p.144
13）前掲書5）　pp.79-81
14）前掲書5）　pp.81-83
15）小塩隆士『再分配の厚生分析――公平と効率を問う』日本評論社　2010年　p.230
16）河合克義『老人に冷たい国・日本――「貧困と社会的孤立」の現実』光文社　2015年　p.19
17）湯浅　誠『反貧困――「すべり台社会」からの脱出』岩波書店　2008年　pp.39-55
18）リチャード・G・ウィルキンソン／池本幸生・片岡洋子・末原睦美訳『格差社会の衝撃――不健康な格差社会を健康にする法』書籍工房早山　2009年　p.33，pp.59-63
19）同上書　pp.35-36
20）マイケル・サンデル／鬼澤　忍訳『これからの「正義」の話をしよう――いまを生き延びるための哲学』早川書房　2011年　p.415
21）前掲書16）　pp.9-11
22）前掲書16）　p.16
23）山野良一『子どもに貧困を押しつける国・日本』光文社　2014年　p.150
24）同上書　p.151
25）岩田正美「第3章　3－1　近年の貧困の特徴と制度対応」『躍進するソーシャルワーク活動―「震災」「虐待」「貧困・ホームレス」「地域包括ケア」をめぐって』中央法規出版　2013年　p.135
26）前掲書16）　pp.19-20
27）前掲書1）　p.47
28）ジャン＝ジャック・ルソー／中山　元訳『人間不平等起源論』光文社　2008年　pp.49-50
29）金子みすゞ『金子みすゞ童謡集　わたしと小鳥とすずと』JULA出版局　1984年　p.107
30）前掲書17）　pp.72-73
31）前掲書17）　pp.82-83
32）大庭　健『「責任」ってなに？』講談社　2005年　pp.41-43
33）前掲書17）　pp.3-17
34）入佐明美『地下足袋の詩――歩く生活相談室18年』東方出版　1997年　pp.159-170
35）田川佳代子「社会正義とソーシャルワーク倫理に関する一考察」日本社会福祉学会編『社会福祉学』56(2)　2015年　p.1
36）市瀬晶子「第3章　ソーシャルワークの定義と歴史」空閑浩人編著『新・基礎からの社会福祉②　ソーシャルワーク』ミネルヴァ書房　2015年　p.50
37）前掲書35）　p.2
38）岩田靖夫「正義〔ギリシア思想〕」廣松　渉，子安宣邦，三島憲一ほか編『岩波哲学・思想事典』岩波書店　1998年　p.892
39）ジョン・スチュアート・ミル／斉藤悦則訳『自由論』光文社　2012年　p.153
40）長谷部恭男「正義」大澤真幸・吉見俊哉・鷲田清一編『現代社会学事典』弘文堂　2012年　p.737
41）ロナルド・ドゥウォーキン／木下　毅・小林　公・野坂泰司訳『権利論〔増補版〕』木鐸社　2003年　p.305
42）ロナルド・ドゥウォーキン／小林　公訳『権利論 Ⅱ』木鐸社　2001年　p.65

43）御子柴善之「環境倫理と尊厳――「かけがえがない」とはどういうことだろうか」直江清隆・越智　貢編『高校倫理からの哲学1――生きるとは』岩波書店　2012年　p.176

第 5 章

ソーシャルワークの魅力とやりがい

 ソーシャルワークの魅力とやりがいとは

　『明鏡国語辞典　第二版』によると，魅力は「人をひきつけ，夢中にさせてしまう力」とあり，やりがいは「その物事をするだけの価値。それをするときの張り合い」とあります。こうした言葉の意味をふまえていえば，魅力は，ソーシャルワークという営みが備えている"人を引きつける力"，やりがいは，人（ソーシャルワーカー）がソーシャルワークという活動に感じる"価値や心の張り（充足感）"と理解することができます。

　ソーシャルワークの魅力が，ソーシャルワーカーに価値と感じられ，その価値がソーシャルワーカーに心の張り（充足感）をもたらします。図で表せば図Ⅱ－5のようになります。

　以下では，ソーシャルワークとソーシャルワーカーの間にある「魅力とやりがい」の中核にあるものを説明したうえで，実際に福祉現場で働くソー

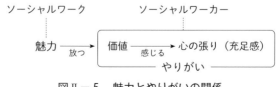

図Ⅱ－5　魅力とやりがいの関係

シャルワーカーが感じているソーシャルワークの魅力とやりがいを紹介します。

（1）人としてすべき善いこと──倫理

　人には「必要だ」という気持ちと「欲しい」という気持ちがあります。ここでは，前者を「それがないと困る。だから必要だ」，後者を「それがなくとも困らない。だけど欲しい」と理解したいと思います。社会には「必要なもの」と「欲しいもの」があります。このうち，ソーシャルワークは「必要なもの」を充足する活動です。

　必要なものが不足すると人は困ります。たとえば，子どもにとって，養育する親がいなかったり，親がいても愛情をもって接したりしなければ困ります。おとなにとって，働く場所がなければ収入がなく，困ります。身のまわりのことが自分でできなくなった高齢者にとって，介護がなければ困ります。すべての人にとって，住むところやお金がなければ困ります。このような「困っている人」と出会ったら，私たちはどう思うでしょうか。

　状況によって判断は異なると思います。親がいない子どもや加齢・病気など，その人にはどうすることもできない（言い換えれば責任を問えない）理由で困難な状況に陥ったのであれば，「助けたい」と思うでしょう。しかし，怠けていたり，自分でしたことが原因で困難な状況に陥っているのであれば，「自業自得」と思う人もいると思います。

　それでも，本当に困っている人を目の前にしたとき，実際にその人の顔（眼差し）を見たならば，そこに「何とかして」「助けて」という呼びかけを感じたならば，「何とかできないかな」と思います。理由は何であれ，困難な状況にいる人の呼びかけを聴き（感じ），それに応えることは，人として善い行いであり，「倫理」といえるものです。

　人間は自己中心的な面をもっています。そのため「自分の欲しいもの」を求めます。しかし，人間は他者を思いやる面ももっています。そのため，

他者が「それが必要です」と呼びかけるものに応えようとします。そして，私たちは後者に，「人間が宿している倫理」を見いだします。

　ソーシャルワークのもっとも中核にあるものは，この「人間が宿している倫理」です。それは，自分たちが「可能性」として宿している人間の本性です。この本性がソーシャルワークの魅力の根幹にあるものです。人は自らが宿している本性に魅力・価値を感じます。そして，そうした活動をするソーシャルワークにやりがいを感じるのです。

（2）社会において実現すべき正しさ——正義

　人が生きていくためには「必要なもの」や「欲しいもの」があります。それらを分担・協働して生み出しているところが社会です。こうした社会が成り立つためのもっとも根本的なルールを正義といいます。それには，誰がどういう教育を受けるのか，誰がどういう仕事に就くことができるのかといった「協働に関するルール」と，社会において生み出されるもの（必要なものや欲しいもの）をどのように分配するのかといった「分配に関するルール」があります。

　さて，私たちはある状態に対して，不正という言葉は使わなくとも「おかしい」と感じることがあります。たとえば，親から虐待されるため家に居場所がなく，結果，勉強する機会をもてない子どももいれば，小学校から塾に通い中学受験をする子どももいます。一生懸命に就職活動をしているのになかなか就職が決まらない学生がいる一方で，親のコネで簡単に就職できる人もいます。こうした平等，または不平等に関係することに対して，「おかしい」と思う感覚を正義感覚といいます。私たちには正義感覚があるため，正義に反することに対して「おかしい」と感じるのです。

　しかしながら，私たちが暮らしている社会の仕組みは複雑になり，自分たちで変えたりすることができるとは，なかなか思えなくなってしまっています。そのため，「おかしい」と感じることも「仕方ない」と思い，だ

んだんと「おかしさ」を感じなくなっていきます。

　こうした状況にあって，正義感覚に基づき活動する専門職がソーシャルワーカーです。社会をよく観ると，一部の人に有利に働く不正の仕組みが見えてきます。そうした仕組みを正し，より正義に適った社会の実現をめざす活動がソーシャルワークです。

　私たちには正義感覚があるが故に，ソーシャルワークが宿している正義に魅力を感じ，正しい行いをすることに価値と充足感を覚えます。すなわち，やりがいを感じるのです。

（3）人の優しさ・温かさ

　筆者が福祉施設職員（ソーシャルワーカー）だった頃のエピソードを2つ紹介します。

❶施設で暮らしている人の優しさ

　私が勤めていた福祉施設（主に知的障がいのある人たちが暮らしていた施設）では，3〜4人の人が3つのグループになって，毎月，幼稚園の年中組（4〜5歳のクラス）に訪問していました。5月から始まり，毎月遊びに行っていました。9〜10月になると名前を覚えてもらい，施設の人と園児は仲良しになります。

　ある年の出来事です。園児が福祉施設で暮らすAさんのおでこにキスをしました。Aさんはとてもうれしそうで，施設に帰ってからも何度もその話をしていました。しかし，しばらくするとAさんが視線を落とし，「うつらないよね」と小声でいいました。

　「うつる？　何で？　Aさんはうつるような病気はないでしょう」

　「いや，オレ頭わるいから……，それがうつらないかと思って……」

　「そんなことは絶対にないから，まったく心配ないよ」

　Aさんは普段，威勢がよすぎるぐらいの人で，どちらかというと，自分が中心と思う人です。そのAさんが，小さい子を気遣っていることに感心

しました。それと同時に、Aさんが生きてきたこれまでのことに思いを巡らしました。以前、「知恵遅れの人といっしょに遊んだりすると、遅れがうつる」といった信じられない（あり得ない）話を読んだことがあります。おそらくAさんも、そんなことをいわれる現実のなかで暮らしてきたのでしょう。だから、Aさんは「うつらないよね」と口にしたのだと思います。

❷見知らぬ市民の優しさ

20年近く前、施設で暮らしている人と、栃木県日光市へ旅行に行きました。ある有名なお寺の前まで行ったのですが、そこから先には、階段が数十段ありました。付き添いの職員2人だけで車いすをもって、階段を上がっていくことは危険でした。そのため、どうするか話していたときです。男の観光客の人が「階段を上りますか。お手伝いしましょうか」と声をかけてくれました。

ソーシャルワークに限らず、社会福祉の仕事では、人の優しさ・温かさに、ときどきふれることがあります。そして、「人間って優しいな」と思います。こうした人間の優しさ・温かさにふれることもソーシャルワークという仕事の魅力です。

（4）人間に対する見方や理解の深まり

ソーシャルワーカーが出会う人の多くは、その人と環境との折り合いがうまくいかないため、生活することが困難になっています。なかには、馬鹿にされたり放っておかれたりしている環境のなかで育ったために意欲をなくし、自分のことを大切に思えなくなっている人もいます。暴力や怒鳴られる環境のなかで育ったためか、ソーシャルワーカーを怒鳴ったり文句をいったりする人もいます。最重度の知的障がいのある人もいます。認知症が進み、自分の子どもさえわからなくなっている人もいます。

こうしたいろいろな人と出会うと、「人間って何だろう」と改めて考え

させられます。なかには、これまで自分がもっていた人間に対する見方が180度変わるような体験をすることもあります。そうした体験を「この子らに世の光をではなく、この子らを世の光に」という言葉で表現したのが、障がい児・者福祉および福祉思想に大きな貢献をした糸賀一雄という人です。

「この子らに世の光を」とは、障がいのある人たちは可哀そうだから、光を当ててやろう（支援しよう）という考えです。これに対して、「この子らを世の光に」とは、障がいのあるこの子ら自身が光り輝くものを宿しているのだから、それを輝かそうという考えです[1]。

糸賀さんは障がい児・者を支援するなかで、障がいのある人一人ひとりが、生産力という光とは違った光を放っていることに気づき、それを「異質な光」と表現しました[2]。

勉強ができる、運動ができる、たくさん稼ぐことができるなど、さまざまなものを生み出し豊かさを重んじる社会において、「できること」が善いこと（価値）とされます。そのため、「できること」を尺度に人間を見てしまいます。しかし、その尺度を重視するあまり、人間がもつほかの善いこと（価値）が隠れ、見えにくくなっています。

こうした状況にあって、「できる」という価値（尺度）からは零れ落ちてしまった人たちと出会い、関わることが多いソーシャルワーカーは、「できる」とは違った人間が有する善さにふれ、それに気づきます。糸賀さんの「この子らを世の光に」「異質な光」という言葉は、そうしたものへの気づきを表現しています。

一面的な人間の見方から少し解き放たれて、人間が潜在的に宿している善さや可能性に気づくことも、ソーシャルワークの魅力でありやりがいです。

ソーシャルワークはさまざまな魅力を放ち、それを感じたソーシャルワーカーはいろいろなやりがいを仕事のなかに感じています。その一例を

次に紹介したいと思います。

福祉現場の職員が感じる魅力とやりがい

(1)「この施設でよかった。ありがとう」の言葉
──特別養護老人ホームのソーシャルワーカー①

❶仕事の内容

　私は現在，特別養護老人ホームでソーシャルワーカーとして働いています。特別養護老人ホームとは，寝たきり状態や認知症など常時介護が必要なため，自宅での暮らしが困難な人に対して，介護をはじめ生活全般の支援を行っている入所型の施設です。そこには介護をする職員（ケアワーカー）のほか，私のようにソーシャルワーカーがいます。ソーシャルワーカーは主に，生活相談員やケアマネジャーとして働いています。生活相談員は，入居に関する相談，利用者様や家族様からの相談，職員からの相談，各関係機関との連携などの業務を行い，ケアマネジャーは，サービス担当者会議の企画・運営，入居者様お一人お一人の支援計画（ケアプラン）の作成などを行います。私は，この2つの職種を兼務する形で働いています。

❷ソーシャルワークの魅力とやりがい

利用されているかたの言葉に励まされる

　特別養護老人ホームでは，看取りを行っています。看取りとは入居者様の人生の最期を施設で看取らせていただくことです。私は常々，「この施設で入居者様が最期を迎えられてよかったと思われることも，この施設に来て悲しまれることも，私やあなたたちの手にかかっています」と職員に伝えています。

　ある看取りの例です。A様という入居者様がおられ，食事がだんだん入らなくなってきました。年齢は実に98歳です。もちろん，息子様も高齢の

かたです。そのうえ，この息子様は障がいがあり，自分で立つことも歩くこともできませんでした。

　A様の食事量が減るにつれ，いままで話すことの少なかった息子様のお話をされることが多くなってきました。私たちは介護職・看護職とともに会議を開き，この状況でA様がここで幸せに最期を迎えられるには，息子様とともに過ごす時間が必要だと考えました。私たちは息子様に連絡してみましたが，「一人では来園できない」といわれました。また，いまのA様の状態から家に連れて帰るのも困難な状況でした。そこで，私たちは息子様を支援しながら，こちらに来ていただこうと考えました。このとき，息子様にも障がいがあるため，私は面談を行い，病院やケアマネジャーなどから情報を集め，安全に息子様が施設に来られる方法を考えました。そうして，遂に息子様が施設へ来園する運びとなりました。

　息子様とA様が再会されるのは，実に十年ぶりです。私たちはお二人だけの時間を部屋で過ごしていただくようにしました。しばらくすると部屋から，お二人のすすり泣く声が漏れてきました。

　数時間後，息子様は部屋から出て来られ，「ありがとう。ありがとう。本当は会いに来たかったけど，こんな体やから……。親孝行ができた。ありがとう」と何度も感謝されました。後でA様の部屋へ行くとA様はまだ涙を流されており，私の手をにぎり「会えないと思っていた。ありがとう。ありがとう」とベッド上でお辞儀をされました。A様はその数日後，満足そうな顔を残し旅立たれました。

　私たちソーシャルワーカーの仕事は，このように，その人が自尊感情・意欲・笑顔を取り戻し，人の手を借りながらも，その人に応じた自立をしていくなかで，自分の価値を再確認しながら幸せに暮らしていける手助けができること，そして何よりも家族や入居者様からいただく「ありがとう」の一言一言が，この仕事の大きなやりがいであり，原動力であると感じます。

胸を張って仕事ができる環境づくり

　話は変わりますが，私たちは，利用者様優先の思想（考え方）を教えられてきました。むろん，それはそうだと思います。しかし私はいま，それだけではいけないとも感じています。

　あまり目立ちませんが，福祉現場には，文句をいわれたり威張った態度をされたりしても，嫌な顔をしないでその人にとって最善の支援・介護をしている職員がいます。認知症が進んでも，あくまで"かけがえのない人"として日々温かな声かけをしている職員もいます。いろいろなことに気配りをして事故を未然に防いでいる実践もあります。これらは地味かもしれませんが，そうした職員は本当に尊敬に値しますし，プロフェッショナルな仕事内容です。しかし，こうした職員や実践はめったに紹介されず，テレビや新聞・雑誌では，４Ｋ（きつい，きたない，危険，給料が安い），サービス利用者に対する職員の虐待，人材不足（福祉の仕事に就こうとする人が少なく人手不足）といったことが報道されてしまいます。こうした環境のなかで，福祉の仕事に胸を張れるでしょうか。夢を抱き，働きたいと思えるでしょうか。

　介護の現場では，利用者様に喜んでもらおうと思い実施したサービスに，利用者様から罵声を浴びせられることもあります。利用者様にたたかれながら，笑って援助することもあります。自分と大切な時間を歩んできた入居者様が亡くなられる経験もします。夜勤業務のなか，一人で業務に追われ，何度も何度も同じ入居者様にナースコールを鳴らされ，無理難題をいわれる場合もあります。そのようななかでも「頑張ろう」「頑張ろう」と心のなかで唱えつつ，自分を奮い立たせているのが介護の現実なのです。

　こうしたケアワーカーの実践を地域や社会に伝え，そうした人たちが胸を張って仕事ができる環境を，ケアワーカーの人たちと協働して創っていくのもソーシャルワーカーの仕事です。情熱や希望の灯を職員たちの心に１つ２つと灯していくことも，私自身ソーシャルワーカーとして大切なやりがいとなっています。

（２）人と人との「つながり」を生み出すソーシャルワークの醍醐味
――特別養護老人ホームのソーシャルワーカー②

❶仕事の内容

　私はいま，特別養護老人ホームに勤めています。仕事の内容は，地域に住む人たちが「安心して住み続けられるまちだ」と思えるようにいろいろな仕組みを考え，実施することです。

　そのなかの１つが，「介護が必要になったら」という不安を解消するための取り組みです。具体的には，介護のサービスについて，地域の人たちに情報を発信したり，実際に介護の方法を伝えたりしています。このほか，職場の内外を問わず，高齢者福祉のサービスをスムーズに提供できるようにさまざまなネットワークを創る活動もしています。

❷ソーシャルワークの魅力とやりがい

　みなさんはけがをしたり，病気になったりしたら病院に行って治療を受けますよね。同じように介護が必要な状況になれば，施設で介護サービスを受けるようになります。病院でいう入院や通院と同じように，施設に寝泊まりしてケアを受けたり，通って介護サービスを受けたりします。ただ，介護サービスは病院と大きく異なる点があります。

　けがをしたり病気になったりすれば，誰かの許可を得ることなく病院に行って治療を受けることができます。しかし，介護の場合は行政から「あなたは介護が必要な状態ですよ」と認めてもらわないと，介護サービスを受けることができません。

　このようなとき，ソーシャルワーカーは「介護が必要なかた」がきちんとサービスを受けることができるようにサービスの説明をしたり，手続きを代わりにしたりします。介護，福祉の制度やサービスはとても複雑です。高齢者のなかには，市役所などへ出向くことすら困難な人もいます。そのため，本当に困っている人に必要なサービスが行われていないことが少なくありません。「介護サービスを必要としている人」と「介護サービス」

がうまくつながっておらず，隙間が生じているのです。誰かがその隙間を埋めないといけません。その「誰か」がソーシャルワーカーです。

　この隙間は，「生と死の隙間」でもあります。必要なサービスを受けられないことで命を落としたり，人間らしい生活を脅かされたりすることもあります。隙間を埋めることは，その人の命をつなぐことであり，いまと未来をつなぐことを意味しています。

　「介護サービスを必要としている人」と「介護サービス」の隙間を埋めるためには，いろいろな人との「つながり」が必要です。介護サービスを提供する私たちと，地域の自治会や民生委員のみなさん，病院の医療ソーシャルワーカー，市役所などにいるソーシャルワーカー，同じ介護サービスを提供している人たちとの「つながり」です。多くのかたとつながっていればそれだけ情報も入り，「介護サービスを必要としている人」と「介護サービス」がつながりやすくなります。

　人の生活には，いろいろな側面があります。そのため，人を支援するには，いろいろな人との「つながり」が必要です。体のことであれば，医師や看護師，リハビリ専門職，法律のことなら弁護士，社会保険労務士，お金のことなら税理士などとのつながりです。こうした人たち（専門家）がもっている知識や技術を，ソーシャルワーカーが一人でもち合わせることなどできません。しかし，有資格の専門職の人たちとつながりを創っておくことで，支援の幅が広がります。その道の専門家に困っている人をつなぐスペシャリスト，それがソーシャルワーカーです。

　また，地域とは別に，職場のなかにも「つながり」を創る必要があります。仕事がスムーズに行える環境はとても大事です。福祉の仕事は，さまざまな職種の人がいっしょになって一人ひとりの利用者を支援します。そのため，それぞれの専門家の意見や考え方をとりまとめ，思いをくみとって，1つの答え（こういう方法でやろう）を導いていくことが求められます。

　このようにソーシャルワーカーは「つながり」を創り出し，それを武器にして支援をする専門職です。そして，そうした「つながり」を創ってい

くことがソーシャルワークの醍醐味であり、やりがいです。

(3) その人や家族とともに「心からよかった」と思える瞬間に立ち会う──病院のソーシャルワーカー

❶仕事の内容

　私は、いわゆる一般科の総合病院のなかで、医療ソーシャルワーカー（Medical Social Worker：略称MSW）として勤務しています。当院を利用する患者さんやそのご家族の、病気や障がいから生じるさまざまな不安や悩みに対して、支援を行いながらいっしょに考え、解決していくお手伝いをさせていただいています。

　病気やけがをすると、治療のことのみならず、医療費のこと、仕事のこと、家族のことなど、さまざまな心配ごとが生じます。たとえば、「生活が苦しくて医療費が支払えない」「病気のために仕事ができない」「体が不自由になってこれまで通りの生活ができない」「寝たきりや認知症のお年寄りを家でみる人がいない」など患者さんやご家族だけではどのように対応したらよいかわからないことが多いものです。

　そのような患者さんやそのご家族の不安をできるだけ軽減し、安心して治療に専念できるようにするのが医療ソーシャルワーカーです。そのために、患者さんやご家族と、またそれをチームとして支える医師などの院内の職員、さらには行政、地域の医療福祉機関などと連携しながら、解決への支援をさせていただいています。病院というところが、病気を治療するだけではなく、患者さんやご家族の「自己実現」や「権利擁護」となるように努めています。具体的な事例を紹介します。

　40歳代女性の入院患者で、その人はがんの末期状態でした。余命はあと数か月といわれ、がんの転移のため全身に疼痛（ずきずきした痛み）がありました。食事量が減り、点滴によるサポートや、身のまわりの動作すべてに介助が必要な状態です。家族は50歳代の夫と2人の子どもの4人暮ら

しでした。

　入院中に患者さんより，「自宅に帰りたい。入院ではなく，自宅で治療を続けたい」と医療ソーシャルワーカーに相談がありました。しかし，患者さんにはさまざまな不安があります。その不安のなかには，「私が帰りたいということで家族にとって負担になるのではないか？」「点滴を自宅で続けることができるのか？」「自宅で治療を受けるには費用が高額になるのではないか？」といったものがありました。

　そんなときに医療ソーシャルワーカーが関わります。患者さんの「自宅に帰りたい。入院ではなく，自宅で治療を続けたい」という希望を叶えるために，患者さんやご家族はもちろん，院内や院外の関係者と相談や連携をしていきながら，患者さんといっしょに問題解決をめざします。

　実際に行うことは，患者さんと相談をしながら，「患者さんのいいにくい気持ちを家族に代弁すること」「患者さんの自宅まで来てくれる地域の医師や看護師を見つけること」「患者さんが利用できる社会保障制度を紹介すること」などです。

❷ソーシャルワークの魅力とやりがい

専門性が放つ魅力とやりがい

　病院には，日々たくさんの患者さんが来院します。そのような職場のなかで，医療ソーシャルワーカーにもさまざまな相談があります。相談内容は多種多様です。そのなかには，患者さんの病状や生活背景などの事情が複雑に絡み合って問題がより深刻になり，即座に対応，判断するということができない難しいこともあります。

　こうした難しい問題に対してもソーシャルワークは対応できる可能性をもっています。もちろん，難しい問題すべてを解決できるわけではありません。しかし，素人では対応できない問題にも対応できる専門性がソーシャルワークにはあります。こうした「専門性」をもっていることがソーシャルワークの魅力です。ソーシャルワークには，自らの専門性が試される場面がしばしばあります。責任は重大ですが，そうした場面で専門性を発揮

して，困難な状況の改善・解決に寄与できることが，ソーシャルワーカーのやりがいの1つです。

その人や家族とともに「心からよかった」と思える瞬間に立ち会う

相談を介して患者さんやそのご家族の希望される結果になったとき，あるいは，その過程にある困難を乗り越えられたときがあります。そうしたときに，その人や家族とともに「心からよかった」と思える瞬間を感じることがあります。その瞬間に立ち会えることも，この仕事のやりがいであり，魅力であると思います。

（4）子どもが安全に成長していく様子を見ることができる
──福祉事務所（児童福祉分野）のソーシャルワーカー

❶仕事の内容

私は市役所内にある福祉事務所の児童家庭福祉を担当する課で働いています。仕事の内容を大きく分けると次の2つです。1つは，中学生以下の児童を養育している人に支給する「児童手当・特例給付」の事務をはじめとした，全国一律に同じ水準で受けることができるサービスに関わる業務です。もう1つは，虐待を受けている児童や配偶者から暴力を受けた人（DV被害者）に対する支援といったような，福祉的な援助が必要な人に対して行っている業務です。

❷ソーシャルワークの魅力とやりがい

児童分野におけるソーシャルワークでは，相談を通して，児童や親，その家庭を取り巻く環境の状況を把握し，問題を確認します。そのうえで，その家庭が抱えている問題を改善・解決し，児童と親それぞれの自立を支援しています。相談の内容は障がいに関すること，不登校に関すること，経済に関すること，そして児童虐待に関することなどさまざまです。なかでも一番たいへんなことはやはり，虐待に関する支援です。

虐待が判明する要因の1つに「通報」があります。2015年7月より児童

虐待の共通ダイヤルとして「189（いちはやく）」という3桁の番号が整備され，児童虐待の早期発見・早期対応のために運用が開始されました。

　虐待対応における困難として，虐待か否かの見極めの難しさがあります。虐待している人はその行為を認めないこともありますし，児童の年齢によっては言葉で助けを求めることもできません。そうした状況のなか，命に関わる危険をいち早く察知し，対応することが求められます。

　児童虐待における措置（施設入所などの決定）は，都道府県の行う事務とされています。そのため，命に関わる危険が迫っている場合は，都道府県が管轄する「こども家庭センター（児童相談所）」が対応しますが，緊急度が高くないと判断された場合は，私たち市の職員が対応することになります。

　「ここの家のあの子が泣いている」という通報であれば対応しやすいのですが，「どこかわからないけど，道を歩いていたら子どもが泣いているような声が聞こえてきた」といった通報もあります。その場合，民生委員さんに連絡して，子どものいる世帯を探すこともあれば，近隣の家をしらみつぶしに訪問することもあります。兄弟げんかで子どもが泣いていたということもありますし，行ってみたけれど何にもなかったということもあります。

　しかし，なかには本当に支援が必要なケースの発見につながる場合もあります。泣いている子どもの対応方法がわからず困っているお母さんがいたり，虐待にあっている子どもを発見したときは適切な相談機関を紹介したり，子どもへの対応のしかたを指導したりします。子どもの多くは自らSOSを出すことが難しいので，そういったケースに遭遇し，子どもの安全が確保されたときは一安心です。

　通報を受けるなかで，数は極めて少ないですが，児童福祉施設に入所する場合もあります。施設に入所すれば安全は確保されますが，これで私たちの仕事が終わるわけではありません。次は自立（家庭復帰）に向けて，どのように支援をすればいいのかを考えます。

施設に入所することになったのであれば,「虐待をする親と暮らすより,施設で育ててもらったほうがいいじゃないか」と考える人もいるかもしれません。そのほうがいい場合もあると思います。しかし,やはり子どもは親といっしょにいることがいいのではないかと考えます。また,施設に入所することにならなかった場合はどうでしょうか。民生委員さんや保育所・幼稚園や学校といった子どもと関わりのある機関と連携し,子どもの見守りを行い,子どもの安全確認を行います。

子ども自身に指導や療育が必要な場合もあれば,親への指導が必要な場合もあります。関わる人たちと信頼関係を築き,子どもが安全に成長していく様子を見ることができるとき,ソーシャルワークの仕事をやっていてよかったと感じます。

(5) 思い残すことなく最期を迎えられるために
──独立型社会福祉士事務所のソーシャルワーカー

❶仕事の内容

多くのソーシャルワーカーが行政機関や社会福祉施設などの組織に所属しています。組織という集まり（チーム）だからできることがたくさんあります。その一方で,組織という制約から,ソーシャルワーカーとして「しなければならないのにできないこと」もあります。組織による制約を少なくし,ソーシャルワーカーとしての専門性を十分に発揮するために,組織から独立した社会福祉士事務所があります。私は社会福祉士として,そうした事務所を経営し,ソーシャルワーク実践をしています。

主な業務の1つに成年後見制度を通した支援があります。今日の福祉サービスは介護保険制度をはじめ,サービス利用者とサービス提供者が「契約」を交わすことでサービスを提供するタイプのものが増えています。しかし,認知症,知的障がい,精神障がいなどの理由で判断能力が十分ではない人にとって,「契約」という行為は簡単ではありません。こうした契

約行為や預貯金などの財産管理を，本人の代理人として行うのが成年後見制度を通した支援です。これらの支援を，生活，医療，介護，福祉など身のまわりの事柄にも目を配りながら行うことが，私の主な仕事の内容となります。

❷ソーシャルワークの魅力とやりがい

　今回紹介させていただくかたは，私自身が独立して間もない頃に相談があった高齢の独居男性です。その人は年末に吐血し救急車で病院に運ばれましたが，身寄りがない状態で，病院として今後どうすればよいかと相談がありました。本人は咽頭がんの緊急手術により声を失いましたが，命はとりとめました。私はその人と初回面接を行い，本人自身が何を必要としているのかを見極めようとしました。しかし，病気に対する認識もあまりなく，とくには困っていないと繰り返すのみでした。何度か面接を繰り返しながら，本人の視点に立って，その人が現在おかれている状況をいっしょに確認していく作業を行いました。

　日常生活は，車いすで移動ができ，食事は用意すればご自身で摂取することができます。また，介助があればトイレでの排せつも可能です。こちらのいうことは理解されており，筆談でコミュニケーションもできます。金銭的なことに関しては無頓着で，入院費の支払いや，家賃，税金滞納などがある状態でした。

　面接を繰り返しながら本人の思い・願いを探っていくと，救急搬送される以前の暮らしに戻りたいという思いを強くもっていることに気づきました。暮らしは，年金収入に頼りながら，ワンルームマンションで自由気ままに毎日飲み歩き，消費者金融での借金もある生活を送っていました。面談を重ねるなかで，仕事のため単身で近畿地方に引っ越し，何十年も誰にも頼ることなく自由に生活を送ってこられたかたと，どのように関係をつくっていけばよいのか考えました。

　支援者から見ると解決すべき課題は多数ありますが，本人にはその自覚がありませんでした。ささいなことでも一つひとつ本人と話し合いをしな

がら，信頼関係を築けるよう心がけました。治療はおおむね終了し，療養先の目処も立った頃，専門家の意見として本人に，いまの借家を引き払い，施設への入居の話を切り出しましたが，納得されませんでした。介護が必要な状態ですが，その状態を本人は認めず，いままでの暮らしをするから家に帰ると言い張ります。そこで，専門家の意見を押しつけるのではなく，自宅と施設のどちらで暮らすのかを自分で決めていただくために，本人といっしょに自宅に行きました。段差だらけのワンルームマンションは，独歩もままならない本人には生活できるところではありませんでした。ご本人自らが体験し，納得したうえで施設への入居を選択されました。

施設へ入居すると同時に成年後見制度を利用するために，裁判手続きも進めていくことになりました。手続きに必要な書類のなかには，本人の親族図の提出もあります。しかし，本人は自身の親族については何も語ることなく成年後見申立を行い，私が本人の補助人（法定後見制度の類型の1つ）に選任されることになりました。

補助人として本人から通帳を預かり，施設利用料や必要な支払い，消費者金融への返済といった財産管理を行いました。施設入所から半年が経過した頃です。肺がんの転移が見つかり，主治医より病状の説明を本人といっしょに聞くことになりました。余命は半年で，手術，抗がん剤治療を行えば回復の可能性はあるとの説明でした。補助人としては，治療を受けてもらいたいと本人に伝えましたが，本人は入院治療することなく施設で生活を続けたいといわれました。このときの「最後まで頼む」という筆談の言葉で，補助人として本人の自己決定に最後まで寄り添う覚悟ができました。

それから数か月が経過した頃，本人の状態が悪化し入院をすることになりました。私に何かできることはないか聴くために，病院に面会に行きますが，本人の状態は悪化し思いをくみとることが難しくなっていました。死が間近になっていることを理解している本人に「親族へ連絡をしなくてもいいのか」と聞きました。筆談で「若い頃，家族とのトラブルで実家を出てから何十年も音信不通だ。でも，自分も最後なので兄弟には知らせて

ほしい」とようやく思いを語ってくれました。それから本人の親族調査を行い，手紙を送りました。しかし，返事がないまま，本人は旅立たれました。

私一人で最期を看とりましたが，その後しばらくして兄弟からの連絡がありました。連絡を受け，本人の最後の願いが叶ったと思いました。

私たちが暮らしている地域には，本当はいいたかったことを言葉にできずに亡くなっていく人がいると思います。組織（事業所）から独立することで，そうした人に対して，ソーシャルワーカーとしてすべきことを最後までやり遂げることができました。このかたとの関わり・支援を通じて，「思い残すことなく最期を迎えられること（後悔しない生き方）の支援」もソーシャルワークの魅力であり，やりがいの1つだと思いました。

（6）「困ったときはお互い様」の精神を一歩一歩広めていく
──社会福祉協議会のソーシャルワーカー

❶仕事の内容

私は相生市社会福祉協議会で，ボランティア担当の仕事をしています。社会福祉協議会は，国，都道府県・指定都市，市区町村に設置されており，「地域福祉の推進」を目的とする公共性の高い民間の非営利組織です。

地域には高齢者や障がい者，子どもや外国人，お金がなく生活に困窮している人などさまざまな困りごとを抱えた人が暮らしていますが，『誰もが住み慣れた地域で ふつうに くらせる しあわせ』の実現こそが，地域福祉であると思っています。

一人ひとりが住み慣れた地域で安心して暮らし続けるためには，住民同士の助け合いがもっとも大切です。具体的にいえば，住民の困りごとに気づき，その問題の改善・解決に住民自身が主体的に取り組むことが必要です。こうしたことを実現するうえでカギとなるのがボランティア（ここでは，「ボランティア活動をする人」の意味で用います）です。そうしたボ

ランティアの育成や,「ボランティアを必要としている人」と「ボランティア」を結びつけることも私たちの仕事の１つです。

❷ソーシャルワークの魅力とやりがい

近年，大雨などの異常気象や地震・津波などにより日本各地で大きな災害が発生しており，被災した地域には，「災害ボランティアセンター」が立ち上げられています。災害ボランティアセンターは，社会福祉協議会に設置されることが多く，ここでは，「ボランティアを必要とする被災住民」と「被災地に駆けつけるボランティア」を結びつけることを主な業務としています。

被災者からは，ボランティアにいつどのような活動をしてほしいのかなどを丁寧に聴き取り，必要に応じて自宅を訪問したりします。一方，ボランティアの受付や活動中における注意事項の説明，必要に応じて活動場所までの送迎を行ったりします。また，スコップや一輪車などの資材の調達やマスコミなどを通じたボランティアの募集など，被災者に寄り添いながらボランティアがスムーズに活動できるように幅広い視点で仕事を行います。

大規模災害の場合には，災害ボランティアセンターを運営するために他市町の社会福祉協議会の職員が被災地へ派遣されます。2011年３月に発生した東日本大震災では，近畿地方，四国地方，中国地方の各社会福祉協議会の職員が宮城県内の社会福祉協議会を支援しました。私は，発災２週間後に宮城県山元町社会福祉協議会に派遣されました。山元町ではライフラインが寸断され，通行止めの道路が多く，余震が続き，ガソリンも不足しているためボランティアがほとんど来ない状況でした。各避難所を訪問し，被災者にボランティアの必要性をうかがいましたが，多くの避難所では１日２食の生活をされており食料不足が続いていました。物資が届けられる体育館での仕分け作業には，地元の高校生のボランティアも参加し，日用品や食料品などスペースを決めて仕分けをしました。また，散髪ボランティアには避難所で活動していただきました。被災者は散髪をしながら

喪った家族の話をすることができ，大切な時間を過ごせたことに対して，とても感謝されていました。

その年の5月には，被害のもっとも大きかった地域の1つである南三陸町社会福祉協議会へ派遣されました。電話が不通であったため，衛星電話を使いながら全国各地からのボランティアの問い合わせに応対する一方で，町内の避難所を訪問しながら，泥出しボランティアや炊き出しボランティア，イベントボランティアの調整を行いました。温かい手づくりのご飯を食べながら過ごすひとときは，被災者の心も和み，ボランティアにも満足していただけました。

阪神・淡路大震災では，全国各地から支援をいただいたということで，兵庫県内からも多くのボランティアが駆けつけ活動されました。「困ったときはお互い様」の精神で，時間と場所を越えた助け合い活動をつなぎ合わせ，絆を育む支援を行うことこそが，災害ボランティアセンターにおける社会福祉協議会職員の魅力です。災害ボランティアセンターの運営では，被災者の心に寄り添うことを基本としながら，ボランティアが気持ちよく活動できるように調整することがもっとも大切であると考えます。

社会福祉協議会のソーシャルワークは，「困ったときはお互い様」の精神を一歩一歩広め，住民と話し合いながらいっしょに活動を進めていくことができる，とても魅力ある仕事です。

［文献］
1）糸賀一雄『福祉の思想』日本放送出版協会　1968年　p.177
2）糸賀一雄『糸賀一雄著作集Ⅱ』日本放送出版協会　1982年　pp.143-144

第Ⅲ部

ソーシャルワーク教育によって身につく力

　人の社会生活に関わるソーシャルワーカーは，福祉という専門の枠を超えて，「生活の全体」そして場合によっては「人生」という広い視野をもって，いろいろな人と円滑に関係を築き，関わっていくことが求められます。

　そうしたものを可能にしてくれるのが「教養の力」です。教養とは，教養教育（講義を受ける，本を読んだり読書会に参加したりする，対話する，ボランティアに参加するなど）によって身につく「他者とともに生きる立ち居振る舞いや心」のことです。ソーシャルワーカーは，教養を中核においた専門職なのです。

　ソーシャルワーカーの養成をきっちりとやっている大学では，①社会人・組織人としての必要な素養，②教養の力，③専門職として必要な素養，そして，④専門職としての力を身につけることができます。それは，生涯にわたってソーシャルワーカーとして活躍していくうえでの源となる力です。このうち第6章では②の教養の力を，第7章ではその他の素養と力（①，③，④）を紹介します。そうすることで，「自分もこんな力を大学で身につけて，将来，ソーシャルワーカーとして働きたい」と思ってもらうことが第Ⅲ部の役割です。

第 6 章

人間性を育む教養教育

「教養」という言葉の意味

　大学に入学すると，まず教養科目を学び，次に専門科目を学びます。多くの人は，社会福祉，教育，法学，経済学，医学，物理学など自分の好きな分野を専門的に学びたいと思い，大学に入学します。そのため，「何で教養科目を学ぶの？」と思う人もいます。また，専門性やすぐに役に立つことが重んじられる今日では，教養は軽視されがちです。この傾向は，社会福祉（ソーシャルワーク）教育にもあてはまります。

　しかし，教養は私たちの暮らしにとても大切なものであり，ソーシャルワークの中核にあるものです。そのため，ここではやや詳しく「教養」の話をします。

（1）教養教育と教養

　『教養の力――東大駒場で学ぶこと』の著者である斎藤兆史（さいとうよしふみ）さんによれば，辞書などで説明されている教養の言葉の意味には，①学問や知識，②身につける，修得する，③学問や知識を身につけることによって備わる心の豊かさ，理解力，品格，あるいは人の立ち居振る舞いといった3つの側面があると述べています[1]。

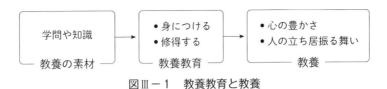

図Ⅲ－1　教養教育と教養

　この3つは，次のように理解することができます。「学問・知識」は教養の素材であり，「身につける，修得する」は教養教育です。そして，「心の豊かさ，人の立ち居振る舞い」は身についた教養です。これらのことから，ここでは，「ある人が学問や知識を学び，あるいはさまざまな経験を通して，徐々に教養を身につけていくことを教養教育」とし，「教養教育によって身につけたものを教養」と分けたいと思います。図で表すと図Ⅲ－1のようになります。

　なお，ドイツの哲学者カール・ヤスパースという人は教養について，「……教養があたかも生まれつきのもので，後天的ではないかのように，第二の天性にならねばならぬ」ということに対する感覚は，諸々の教養理想に共通している[2]，と述べています。すなわち，教養はさまざまな学び・経験（教養教育）によって修得されるものですが，それは，あたかも第二の天性のようになっているもののことをさします。

　このような整理に基づくならば，「教養がある人」とは，教養を教養教育によって身につけることで「心の豊かさをもち，また，ある立ち居振る舞いができ，それがまるで第二の天性のように感じられる人」のことをいいます。

　では，教養の中身は何でしょうか。教養という言葉の歴史をひもといていくなかで明らかにしたいと思います。

(2) 教養のルーツ

❶古代ギリシアと古代ローマ――パイデイアとレトリック・ヒューマニズム

　西洋における教養論には2つのルーツがあります。その1つがパイデイアです。これは，偽りや悪いものではなく，「物事や人間の本当の姿（真実）」や「大切なもの（価値）」に魂（関心）を向け，それを見極められる力のことです。具体的には，自分が当たり前に思っていることを「本当にそうなのかな」と問い，より根源的なところから考える力を意味します[3]。もう1つは，レトリック・ヒューマニズムです。これは公の場において，多様な（複眼的な）視点のもと，ほかの人と対話をするコミュニケーション能力や言葉の力を意味します[4]。

❷古代末期から中世のヨーロッパ――リベラル・アーツ

　教養はリベラル・アーツ（自由学芸あるいは自由七科）＊ともいわれます。これは，自由人が学ぶにふさわしい諸学という意味です。古代ギリシアでは，農耕術などを「奴隷の学」と呼んでいました。これに対してリベラル・アーツには，個別の領域を対象とした学問を超え，自由人としての市民が身につけるべき総合的な判断能力を身につける学問（学芸）という意味が込められています[5]。先の区分にしたがえば，リベラル・アーツ自体は教養の素材であり，自由人としての市民が身につけるべき総合的な判断能力が教養となります。

❸近代のヨーロッパ――リベラル・フリー

　リベラル・アーツ（ラテン語：アルテス・リベラーレス）の目標は，社

＊　リベラル・アーツは，文法学（読み書きと文学），弁証学（論理学），修辞学（魅惑的な言葉で人びとを説得する術）の三科と，算術，幾何学，天文学，音楽の四科の七科目から成っていました[6]。三科は人と人とのコミュニケーションを成り立たせるための言葉や論理に関する科目で，四科は数学的な規則や法則に関する科目です。
　12〜13世紀にかけてヨーロッパに大学が成立すると，そこには神学，法学，医学などの専門学部に並列する形で学芸学部（教養学部）が設けられました。そして，その後の大学では，学芸学部（教養学部）を専門学部の基礎学部とみなす大学と，両者を独立の学部とみなす大学という2つの形が生まれました[7]。

会を主導する良き市民になることでした[8]。このような，社会全体との関連性（秩序）のなかで人間のあり方をとらえる教養の考え方に対して，近代になると徐々にリベラル・フリーという教養の考え方が生まれてきました。それは，既存の物事や考え方（価値・規範）をよく吟味することで，そうしたものから自由になることや，平等や寛容を重視する教養のあり方です[9]。

❹現代のアメリカ——ジェネラル・エデュケイション

リベラル・アーツの背景には奴隷制社会があり，リベラル・アーツは，奴隷とは異なる自由人（貴族のような身分の人たち）が修得すべき学芸でした。これに対して1945年にアメリカのハーバード大学が出した報告書は，民主主義社会においてはすべての人が自由であり，コミュニティの主権者であるという理解のもと，こうした市民に対する教育として，ジェネラル・エデュケイションという言葉（教養教育のあり方）を提唱しました[10]。そして現在のアメリカにおける「リベラル・エデュケイション」は，「無知や偏見から自らを解放（自由に）するような知的認識や批判的思考，広い視野と柔軟な発想や創造的な行動力をもって，社会で生きてゆくことのできる基盤」を育成することをめざしています[11]。

（3）現在のリベラル・エデュケイション（教養教育）

ブルース・A・キンバルという研究者は，リベラル・エデュケイション（教養教育）の理念には，弁論家の系譜と哲学者の系譜があるといっています。弁論家の系譜における教養はリベラル・アーツであり，その内容は受け継がれてきた価値秩序を身につけることです。また，その対象はエリートでした。一方，哲学者の系譜における教養はリベラル・フリーであり，その内容は古い知識に対して批判的に吟味する（よく考える）ことを重視します。また，その対象は等しく市民に開かれています[12]。そして，現在のリベラル・エデュケイション（教養教育）は，この２つの系譜が交差し，

自由な知的探究のできる「市民」の育成をめざす内容となっています[13]。

（4）教養教育および教養の意味

　これまでの考察をふまえると，今日における教養教育および教養の意味を，次のように理解することができます。
　教養教育とは，一人ひとりの市民を対象とし，対話・批判的思考・さまざまな体験・学問などを通して，人間の本来的なあり方（人間性）や大切なこと（真実や価値）を理解し，それを根拠にして，他者とともに生きる立ち居振る舞いや心をもった人間（市民）を育てる教育のことです。
　また，教養とは，教養教育によって身についた「他者とともに生きる立ち居振る舞いや心」のことです。

（5）教養がある人の具体的な姿

　「教養がある人」というと，「古典のような文化的な知識を備えている人」を思い浮かべるかもしれません。しかし，それは教養の素材を身につけている人です。大切な点は「教養といえる立ち居振る舞いができる」ことです。その例を1つ紹介します。
　この章の最初のほうでふれた斎藤兆史（さいとうよしふみ）さんは東京大学教養学部の教員です。斎藤さんは東日本大震災が起こったときの様子を，次のように書いています。場所は，教養学部がある東京大学駒場キャンパスの研究棟です。

　「どこからともなく同僚たちが集まって来るなか，自らの空腹をよそに人のためにおでんを作り，炊き出しさながらにせっせと振る舞っている表象文化論の教授がいる。英語部会の嘱託の女性は，どこでお米を調達したのか，おにぎりをつくって研究棟のなかで配り歩いている。イギリス地域文化研究分科の主任は，ひたすら学生の安否を気づかって学内を走り回っ

ている。

　このとき私は，この同僚たちといっしょに働いていることを心底誇りに思った。もっともほかの部局のことはよくわからない。少なくとも，『教養』を旗印に掲げる学部では，人が人を思いやり，お互いに情報を提供し合い，そして助け合っていた。

　彼らがもっているような品格と行動力は，私が本書のなかで論じた『教養』の理想的な表われ方だろうと思う」[14]

　教養がある人は，自然と，こうした立ち居振る舞いができるのです。

2　教養教育によって身につく力──教養の内容

　教養の概念史をふまえると，教養の力には，「哲学者＝パイデイア＝リベラル・フリーの系譜に属する力」と「弁論家＝レトリック・ヒューマニズム＝リベラル・アーツの系譜に属する力」があります。さらにそれらは，A：他者とともに生きるうえで大切なこと（すべきこと，善いこと，正しいことなど），B：他者とコミュニケーションを図ったり議論をしたりすること，C：自分自身との関わり，といった3つの要素があります。
　以下では，こうした観点に基づき，教養の具体的な力を列挙します。（　）内は，構成要素を表します。

（1）哲学者＝パイデイア＝リベラル・フリーの系譜に属する力

❶他者とともに生きる，あるいは，ある物事を協働するうえで"大切なこと"を見極めることができる力（A）
　哲学者の鷲田清一さんは，市民としての教養は，絶対に手放してはいけないものや見失ってはいけないもの，絶対にあってはならないことを見分

けられる力だといっています[15]。これは，構成要素でいえばAについての指摘です。

　私たちはさまざまな価値観をもっています。そうした者がいっしょに活動したり暮らしたりすれば，当然，対立や争いが生じます。教養として求められる「他者とともに生きる」ためには，多様な価値観を十分に認めたうえで，何が大切なことであるのかを見極められる力が必要です。こうした力こそが教養の根幹でしょう。

　この力を身につけるために必要なことが，私たちが当たり前に思っている価値観や物事の見方を「本当にそうなの？」と疑い，よく吟味（考えること）することです。これこそ哲学者であるソクラテスが実践したことです[16]。

❷立場や価値観が違う者同士の間で，"大切なもの"を巡って合意を得ることができる力（A＋B）

　大切なことを見極めるといっても，そこで理解されたものは，自分にとって都合のいいものをそう思い込んでいるだけかもしれません。求められることは，それぞれの場における"大切なもの"を見極めて，そこにいる人と「それが確かに大切だ」と合意を得ることです。その"大切なもの"とは，その場における目的かもしれませんし，その場を構成しているすべての人にとって"大切なもの"かもしれません。こうしたものは「価値や規範」といったものであり，合意によって認められる性質のものです。

　合意を得るためには，自分の視点・立場だけでなく，相手の視点・立場，第三者の視点・立場などの「多様な視点」，それぞれの人の気持ちを想像できる「想像力」，筋道を立てて説明できる「論理力」が必要となります。

❸自分とは異なった意見や価値観をもっている人を認め，ともに活動できる力（A＋B）

　リベラル・フリーでは，寛容さも大切なことの1つとされています。寛容とは「宗教的信条や政治的意見，また人種・民族や文化（習俗や性的嗜好を含む）などを異にする他者の存在とその一定の活動を許容するこ

と」[17] です。この寛容についてヴォルテールは次のように述べています。

「寛容とは何であるか。それは人類愛の領分である。われわれはすべて弱さと過ちからつくりあげられている。われわれの愚行をたがいに宥(ゆる)しあおう。これが自然の第一の掟である。……中略……われわれがたがいに赦(ゆる)しあうべきことのほうがいっそう明らかである。なぜならば，われわれはみな脆弱で無定見であり，不安と誤謬(ごびゅう)に陥りやすいからである」[18]

　寛容の背景には，人間は弱いもの，誤りうる存在という人間理解があります。これは人間を理解するうえでとても大切なことです。しかしながら，寛容には，優位にある者が劣位にある者を許容し，受け入れるという立場の違いがあります[19]。そのため，寛容というより，自分とは異なった意見や価値観をもっている人を対等な存在と認め，ともに活動できる力が必要となります。

　他者とともに生きるためには，合意には至らない，それぞれの人が"大切にしていること"を認め，尊重する力，異なる価値観を受容できる力が必要です。

（２）弁論家＝レトリック・ヒューマニズム＝リベラル・アーツの系譜に属する力

❶読んだり書いたりできる言語能力（A＋B＋C）

　リベラル・アーツ（自由七芸）の１つが文法学であり，その基礎部門は「読み書き」でした[20]。いろいろな文章や本を「読む」ことによって，想像力が養われ，多様な視点をもつことができます。文章を「書く」ことによって，自分の考えや気持ちを対象化する（距離をとる）ことが可能となり，物事を論理的に考えられる基盤ができます。読んだり書いたりする言語能力は，教養の力を形成する基盤といえます。

❷意見を伝え，他者とのコミュニケーションを可能とする論理力（B）

　論理とは，言葉と言葉，文章と文章の関連性のことです[21]。これを適切に用いることで，他者とコミュニケーションを図ることができ，また，自らの主張を相手にわかるように表現することができます。

❸他者の立場を想像し，共感することのできる力（B）

　リベラル・アーツにおける文法学の応用部門が文学です。その対象は，文字で書かれたものすべてです[22]。そこでは，文献の講読（読んで意味を解き明かすこと，そこに書かれている大切なことを読み解くこと）が行われていました。しかし，文学にできることはそれだけではありません。

　私たちは，他人が経験し，そこで思い感じたことを，まったく同じように思い感じることはできません。そうした人間の限界を補い，他者の経験を想像し，共感することを可能にするのが文学です。他者とともに生きるためには，論理という理性的な側面だけでなく，思い感じるという感情的な側面も必要になります。文学は，他者の立場を想像し共感する力を育みます。

（3）自分自身に関係する力

❶自分自身と適切に関わりながら，自ら学び続けられる力（C）

　教養（他者とともに生きる立ち居振る舞いや心）が，大学の1，2年次における教養教育だけで修得できるわけはありません。教養の修得には年月がかかります。そのため，教養を身につけるためには，次の2点が必要です。

　1つは，自分自身を肯定（承認）することです。社会で生活していくなかにはさまざまな困難があり，自分が嫌になったり，消えたくなったりすることもあるでしょう。そうした状況にあっても，自分の存在の大切さや必要性を感じ，自らを肯定（承認）することが，"他者とともに生きる立ち居振る舞いや心をもった人間（市民）"となるための前提にあります。

もう1つは，自ら学び続けることです。多くの人が学校でも職場でも「学ばされています」。学校や職場には課題がたくさんあります。だから，そこにいる人は，いやいやながらも学ばなければなりません。これに対して，教養を身につけようとするか否かは，その人自身の問題です。そのため，教養を身につけるためには，自ら学び続ける力（自学力）が必要なのです。

❷習慣化する力（C）

　アリストテレスという哲学者は，人間は善いこと（大切なこと：難しい言葉でいえば「徳」）を身につける可能性をもっているが，そうした可能性が実現するのは「習慣づけによってである」といっています[23)24)]。なぜなら，そういうもの（善いこと＝徳）は，教えられてすぐに身につくものではないからです[25)]。

　教養も同じです。私たちは教養を身につける可能性をもっていますが，それが実現するためには「習慣づけ」が必要となります。教養を単に「知っている」というレベルにとどめるのではなく，「身につき，そうした立ち居振る舞いができるようになる」というレベルに高めるためには，教養教育で学んだことを，習慣化（反復）する力が必要となります。

3　教養教育の科目——教養を身につけるための学問

　教養は，講義，対話，実習やボランティアなどの活動，読書会など多様な学びによって培われます。これらのなかからここでは，大学における講義科目に絞って，その内容を紹介します。

　講義とは，主に一人の教員が複数の学生に対して，ある科目（分野）の知識を伝える（教える）授業形態です。教養科目としては，人文学（哲学，文学，歴史学，心理学，医学，外国語ほか），社会科学（法学，経済学，社会学ほか），自然科学（数学，物理学，化学ほか）などがあります。こ

のなかで，教養を身につけるためにとくに重要な科目が次の3科目です。

（1）哲学

　哲学は，「物事あるいは人間の本当の姿（真実）」や「大切なもの（価値）」を見極められる力，および論理力を身につけるための科目です。哲学は，私たちが当たり前に思っている価値観や物事の見方を「本当にそうなの？」と疑い（批判的な視点をもち），よく吟味する（考える）力を養います。
　たとえば社会福祉士の実習で，障がいのある人が暮らしている施設に行ったとします。実習先のなかには4人部屋の施設があります。批判的視点がなければ，「障がい者施設とはこういうところなんだ」と，その現状を何の違和感や疑問をもつことなく受け入れてしまいます。しかし，批判的視点をもった学生であれば，「何で，たまたま心身の障がいがあるだけで，他人といっしょの4人部屋で暮らさなければならないのか。おかしい」と思うでしょう。福祉の現場には，「これはおかしい」と思うことがたくさんあります。それを「そういうものなんだ」とか「仕方ないよね」で済ますのではなく，「これはおかしいかも？」と疑問に思い，その善し悪しを吟味する（批判する）視点がソーシャルワーカーには不可欠です。
　また，哲学の1つの分野に論理学があります（正確にいえば，哲学から既に独立し，論理学という学問になっています）。論理とは，簡単にいえば，私たちが使っている言語の背景にある規則のことです。この規則を意識して使うことで，自分の意見を相手のわかるようにいったり書いたりすることができます。言い換えれば，論理とは，他者との円滑なコミュニケーションを可能にするために共有すべき規則のことです。他者とともに生きるためには，そのことを可能にする論理を学ぶことが不可欠なのです。

（2）歴史学

　歴史学は，物事をさまざまな視点からとらえ，理解する力を養います。次の文章を読んでみてください。これは政治思想家・歴史家であるトクヴィルという人が書いた『アメリカのデモクラシー』という本の一節です。

　「結局のところ，新世界のヨーロッパ植民地の中で，黒人の物理的境遇が合衆国ほど過酷ではないところはおそらくないであろう。それにもかかわらず，奴隷はそこでも依然としておそろしく悲惨な目にあい，終始むごたらしい仕打ちを受けている。
　たやすくわかることだが，この不幸な人々の運命は彼らの主人たちに少しの哀れみの情をも催させず，かれらは奴隷制に自分たちの利益になる事実を見るだけでなく，害悪であっても自分たちには関わりのないものと見なしている。すなわち，同胞が自分と平等な地位にあるときはこれに対して人間性に満ちた対応をするその同じ人間が，ひとたび平等が消えると，同胞の苦痛に無感覚になるのである。
　それゆえ彼の優しさの原因を帰すべきは文明と啓蒙以上にこの平等である」[26]

　私たちは，肌の色や立場が違っていても，「同じ人間」という平等の意識をもっています。だから，奴隷制度における悲惨な状況を知れば，「可哀そう」という気持ちをもちます。しかし，それは決して普遍的な（当たり前の）感覚ではないことが，歴史を学ぶことでわかります。
　また，歴史学は，人間を理解する力を養います。政治思想や人権についての研究者であるマイケル・イグナティエフという人は，歴史を振り返れば——たとえばホロコースト（第二次世界大戦中のナチス・ドイツがユダヤ人などに対して組織的に行った大量虐殺）を見れば——，人間はとんでもないことをしてしまう存在であることは明らかであるといいます。そし

て，そうした人間の過ち，恐ろしさを見せつけられた歴史的瞬間に，人権という概念を改めて考え直したといいます[27]。

　ここから，人間は決してしてはいけないことをしてしまう存在であり，同時に，そうした過ちを繰り返さないように反省する力をもった存在であることを学ぶことができます。こうした学びをもたらしてくれる科目が歴史学です。

(3) 文学

　アンネ・フランクという少女がいました。知っている人も多いと思います。彼女は，後に『アンネの日記』というタイトルで出版される日記を書きました。しかし，数百万の人間の抹殺を行ったナチスに隠れ家を発見され，強制収容所へ移送されました。そしてそこで，チフスという病気のため命を失いました。そのときまだ，15歳でした。『アンネの日記』に次のような文章があります。

　「わたし自身にしても，ほかのだれにしても，十三歳の女子中学生なんかが心のうちをぶちまけたものに，それほど興味をもつとは思えませんから。でも，だからといって，べつにかまいません。わたしは書きたいんです。いいえ，それだけじゃなく，心の底に埋もれているものを，洗いざらいさらけだしたいんです」[28]

　それぞれの人は，自分の死とともに消滅してしまう世界を生きています。また，一人ひとりが違った世界を生きています。だから，人が何を考え，どんな経験をしているのかを理解することは，実はたいへん困難です。その困難を和らげ，ほかの人が経験していることを，心に響く形で理解させてくれるのが文学です。『アンネの日記』を通して，時代も国も違うまったくの他人の経験を，決して完全にではありませんが，心の痛みやナチス

に対する憤りの気持ちをもって理解することができます。文学は，私たちの想像力と共感する力を育みます。

ソーシャルワーク教育に教養教育が必要な理由

　いま，社会はますます複雑になり専門分化しています。そして，大学でも専門教育が重視され，教養教育が軽視されがちです。こうした傾向にあるからこそ，ますます教養教育が重要になります。なぜなら，専門に分かれ，全体を見る視点に欠けると，他者とともに生き，社会を形成していくうえで"大切なこと"が見失われてしまうからです。具体的にいえば，社会が物質的に豊かになり，便利になったといっても，よく見ると自然や生態系を破壊し，国内外の生活水準の格差は拡大し，貧困が原因で多くの人の命が失われています。

　専門分化がもたらす物質的な豊かさに見合った精神的な（人間的な）豊かさを耕すために，言い換えれば，他者とともに生きるために教養教育は必要なのです。そのなかでもとくに，社会福祉（ソーシャルワーク）の教育では教養が大切です。その理由は次の3点です。

（1）「人間の大切さ」に対する理解を深めるために

　日本の社会福祉の実践・思想を切り拓いてきた阿部志郎先生は「人間観というものが，やはり福祉の原点なのでしょうね」[29)]といい，日本の社会福祉の思想やソーシャルワーク研究に大きな貢献をされた秋山智久先生も「『人間』とは何か。『人間』をいかに見るかは，社会福祉の生命線である」[30)]といっています。人と人との関わりのなかで人間の大切さに気づき，そこを起点として支援するのがソーシャルワークです。人間の大切さに対する理解の深まりが，ソーシャルワーク（社会福祉）に対する理解の深ま

りに比例します。そのため，ソーシャルワーク教育には教養教育が必要なのです。

（2）幅広い見方や考え方を土台に，専門職としての職務を遂行するために

　教養や教育の研究をしている松浦良充さんは「教養教育――その歴史と課題」という論文のなかで次のように述べています。

　「神職・法職・医師などの伝統的な専門職は，中世大学以来，『リベラル・アーツ』を知的基盤として形成された。現代でも高度の専門職は，自ら職業にかかわる知識・技能のみではその職を全うできない。その職をより広い社会的な文脈や関連する学問領域に対する視野がなくしては，専門職とは言えないのである」[31]

　ソーシャルワーカーという専門職も，幅広い見方や考え方を土台にしなければ，その職務を遂行できません。
　例をあげてみます。社会福祉の表面的なことしか勉強していない人は，「社会福祉は何らかの理由で生活することが困難な人に対して，社会福祉の制度（サービス）を使って支援をしてあげる営み」という考えで，支援を必要としている人に関わります。しかし，そうした勝手な思い込みに基づく関わりで，その人の自尊心を傷つけたり，自ら暮らしていこうとする意欲を奪ったりしてしまうことがあります。また，「あの人は発達障がい」「あの人は認知症」とレッテルを貼り，その行動特性ばかりに目を奪われてしまい，その人の"かけがえのない人生"のなかで感じている苦しみに対する感性が鈍ってしまう場合もあります。
　偏見や囚われ，あるいはレッテル貼りから自由になることで，かけがえのない人生を生きている"人"と出会い，"現実そのもの"や"その人の

苦悩"に目を向けることができます。こうしたことを可能にしてくれるのが教養なのです。

（3）専門職として生涯にわたって活躍するために

　先に述べた阿部志郎先生は，1957年から2007年の長きにわたり，ソーシャルワーカーとして，さまざまな実践をしてきました。肢体不自由児保育や老人給食サービスなど，必要なことは前例がなくとも取り組みました。長いだけでなく，新たな道を切り拓き，地域の福祉を地域住民とともに創造していきました。なぜこのような実践ができたのか，改めて問い直してみると，答えの1つは「豊かな教養があるから」と思わざるを得ません。

　阿部先生は2003年から2007年まで，ご自身の地元に設立された神奈川県立保健福祉大学の初代学長を務めています。その大学で教養課程を重視しました[32]。そして，次のように述べています。

　「教養は，本質を見分ける知性です。そして，見えないものに何かがあるという感覚ですね。美しいもの，深いもの，高いものを見ぬく感性です。同時に，人とともに生きていく，その心が教養だろうと私は思います」[33]

　教養がある人は，本質や目には見えない大切なものを問い考えます。自ずと哲学します。哲学は実践を支える思想や倫理を生み出します。教養によって形成される思想や倫理があるから，道を切り拓き，長きにわたって実践を続けられるのでしょう。阿部先生の実践は，まさにそのことを示しています。

[文献]
1）斎藤兆史『教養の力――東大駒場で学ぶこと』集英社　2013年　pp.34-35
2）カール・ヤスパース／森　昭訳『ヤスパース選集Ⅱ　大学の理念』理想社　1955年　p.73
3）加藤守通「教養論の二つの系譜――パイデイアとレトリック・ヒューマニズム」日本哲学

会編『哲学　第66号』知泉書館　2015年　pp.67-71
4 ）同上書　pp.71-74
5 ）水落健治「自由学芸の伝統」中川純男編『哲学の歴史　第 3 巻　神との対話【中世】信仰と知の調和』中央公論新社　2008年　pp.76-77
6 ）同上書　pp.77-79
7 ）同上書　pp.79-80
8 ）大口邦雄『リベラル・アーツとは何か──その歴史的系譜』さんこう社　2014年　p.169
9 ）同上書　pp.260-263
10）松浦良充「『教養教育』とは何か」日本哲学会編『哲学　第66号』知泉書館　2015年　pp.92-94
11）同上書　p.96
12）中村夕衣「教養教育の理念における合意に向けて──B.A.キンバルの歴史研究を手がかりに」『京都大学大学院教育学研究科紀要』第52号　2006年　pp.124-125
13）前掲書10）　p.97
14）前掲書 1 ）　pp.173-174
15）鷲田清一『語りきれないこと──危機と傷みの哲学』角川学芸出版　2012年　p.82
16）プラトン／納富信留訳『ソクラテスの弁明』光文社　2012年　p.90
17）齋藤純一「寛容」大澤真幸・吉見俊哉・鷲田清一編『現代社会学事典』弘文堂　2012年　p.232
18）ヴォルテール／髙橋安光訳『哲学辞典』法政大学出版局　1988年　p.386, 392
19）前掲書17）　p.232
20）前掲書 5 ）　p.77
21）野矢茂樹『新版　論理トレーニング』産業図書　2006年　pp.1-3
22）前掲書 5 ）　p.77
23）アリストテレス／高田三郎訳『ニコマコス倫理学（上）』岩波書店　1971年　pp.55-56
24）山口義久『アリストテレス入門』筑摩書房　2001年　pp.178-182
25）同上書　p.180
26）アレクシ・ド・トクヴィル／松本礼二訳『アメリカのデモクラシー　第二巻（下）』岩波書店　2008年　pp.20-21
27）マイケル・イグナティエフ／添谷育志・金田耕一訳『人権の政治学』風行社　2006年　pp.136-138
28）アンネ・フランク／深町眞理子訳『アンネの日記　増補新訂版』文藝春秋　2003年　p.20
29）大内和彦『福祉の伝道者　阿部志郎』大空社　2006年　p.38
30）秋山智久「『社会福祉哲学』試論──平和・人権の希求と社会福祉的人間観の確立」『社会福祉研究』30　鉄道弘済会社会福祉部　1982年　p.17
31）前掲書10）　p.98
32）阿部志郎『社会福祉の思想と実践』中央法規出版　2011年　p.174
33）同上書　p.172

第 7 章

実践力（専門性）を修得する専門教育

実践力という専門性

（1）専門職の意味

　ソーシャルワーカーは専門職です。専門職とは素人にできないことができて，それを社会も認めている人たちのことです。たとえば，医者は専門職です。医者は素人にはできない病気の診断ができて，その治療ができます。また，プロ野球の選手も専門職です。素人にはできない，そしてお金を払ってでも観たいと思うプレーができます。

　こうした専門職を紹介するテレビ番組があります。NHKで放送している『プロフェッショナル――仕事の流儀』です。その番組の主題歌は「Progress」といいます。Progressは，一歩一歩前へと進むことを意味する言葉です。専門職とは，専門性を活かして人や社会に貢献するだけでなく，自らの仕事が切り拓くべき道を，一歩，また一歩と前へ進んでいる人たちがしている職業のことです。

（2）専門職としてのソーシャルワーカー

　ソーシャルワーカーも専門職であり，素人にはできないことができます。

その例を2つだけ紹介します。

1つは,「支援を必要とするあらゆる人と,関わり続けることができる」ということです。支援が必要な人のなかには,反抗的・攻撃的な口調で責め立てる人,遊ぶことばかり考えてまったく働こうとしない人など「関わりたくないな」と感じたり,「何でこんな人の支援をしなければならないんだ」と思ってしまう人がいます。素人であれば「関わる必要はない」と判断してしまいがちです。しかし,ソーシャルワーカーは,そこに至るまでの経緯や専門職としての価値観(人間には尊厳があり人権があるという人間理解)があるため,そうした人に寄り添い,関わり続けることができます。決して簡単なことではありません。本当にプロフェッショナル(専門職)といえる人でないと,なかなかできないことです。

もう1つは,「支援を必要としている人が抱えている問題の改善・解決に寄与できる」ということです。福祉の問題は,さまざまな要因が絡み合い,容易に改善・解決できない問題も少なくはありません。それでもソーシャルワーカーは,①その人が本音をいってくれる関係をつくることで,どこに問題(専門的な言葉でいえばニーズ)があるのかを見極め,②その問題(ニーズ)を生み出している要因を本人と環境の双方から考えて明らかにします。そして,③本人や環境など必要なところに働きかけ,④本人とともに問題の改善・解決に向けて歩みます。

2 修得できる専門性(専門的な力)

ソーシャルワークの専門性は,価値,知識,技術に区分されます。このうち技術の紹介は,本書の役割を超えていると考えます。そのためここでは,専門的な価値と知識の一例を紹介します。

（1）価値

　教養教育によって，本当に大切なことを見極める力や想像力・共感力を養います。そうした力を基盤にしたうえで，次のような人間理解を学びます。
- 人間には尊厳があり，一人ひとりは人権をもっています。
- 人間はさまざまな潜在的な可能性（力）を宿しています。
- 人間は他者に向かって呼びかける存在であり，かつ，その呼びかけに応える存在です。

　こうした人間理解に基づき，理解することが望まれる価値観があります。それは，次のようなものです。
　①他者への責任＝倫理
　②他者を認める＝承認
　③抑圧から解放され，等しさを求める＝正義

　このうち①と②は，研究が十分に進んでいないこともあり，大学でも学ぶことができません。しかし，ソーシャルワークにおいてとても大切なものです。そのため，この2つについて簡単に説明します。

❶他者への責任＝倫理

　ブーバーという哲学者が『我と汝』という本を書いています。その冒頭に，私たちが生きているこの世界は，私たち人間がとる2つの態度によって2つとなる[1]，といっています。世界に対する1つの態度が「この私―あなた」です。もう1つは「私―それ（あるいは，人）」です。

　「私―それ」は，人間も含めた物事から距離をとり，それを「あの人はこう」とか「これはこういうもの」というように記述します。この態度に現れる人は，抽象的な人，関わりのない人です。「私―それ」という態度は，物事を観察し，それに対する「知識」を生み出します。ソーシャルワークの学びにおいても，さまざまな知識は必要です。しかし，知識よりもっと大切なものがあります。それが，他者との間にある責任という関係です。

この関係は目には見えません。「いちばんたいせつなことは，目に見えない」[2] のです。
　では，それはどうすれば学ぶことができるのでしょうか。答えは『星の王子さま』に登場するキツネが教えてくれます。キツネは星の王子さまに，次のようにいっています。

　「おれの目から見ると，あんたは，まだ，いまじゃ，ほかの十万もの男の子と，べつに変わりない男の子なのさ。だから，おれは，あんたがいなくなったっていいんだ。あんたもやっぱり，おれがいなくたっていいんだ。あんたの目から見ると，おれは，十万ものキツネとおなじなんだ。だけど，あんたが，おれを飼いならす（仲良くなる，絆を結ぶ：カッコ内は筆者が挿入）と，おれたちは，もう，おたがいに，はなれちゃいられなくなるよ。あんたは，おれにとって，この世でたったひとりのひとになるし，おれは，あんたにとって，かけがえのないものになるんだよ……」[3]

　また，キツネは「ものごとはね，心で見なくてはよく見えない。いちばんたいせつなことは，目に見えない」と星の王子さまに教えた後，さらに次のようにいいます。

　「『人間たちは，こういう真理を忘れてしまった』キツネは言った。『でも，きみは忘れちゃいけない。きみは，なつかせたもの，絆を結んだものには，永遠に責任を持つんだ。きみは，きみのバラに，責任がある……』」[4]

　私たちは人（他者）と出会い，絆を結ぶと，その人の"かけがえのなさ"を感じることができます。そして，私とその人（他者）との間にある責任という関係に気づきます。
　ブーバーも同じようにいいます。ブーバーは「すべて真の生とは出会いであり」[5]，「人間は〈あなた〉に接して〈この私〉となる」[6] といいます。

そして,「〈この私〉と〈あなた〉は,たんに関係の中にあるばかりでなく,〈責任をもって応えること〉となる」[7]といいます。

　大学の講義だけでソーシャルワークを学ぶことはできません。大切なことはボランティアや実習を通して,人と出会うことです。とくに,つらい状況にいる人,理不尽な状況のなかにいる人と出会うことです。その出会いにより,「何とかできないか」という気持ち（心）が触発されます。そして,出会った人から発せられている「呼びかけ」を聴き（感じ）,この私はそれに応えなければという責任を感じます。

　ソーシャルワークの学びのなかでもっとも大切なことは,この「〈あなた〉と〈この私〉の間にある〈責任〉という関係」に,そして「その責任こそ,ソーシャルワークがすべきこと,ソーシャルワークにとって善いことである」という倫理に気づくことです。

❷他者を認める＝承認

　人が生きていくうえでは,食べ物,住むところ,そしてそれらを購入することができるお金が必要です。しかし,そうした物質（お金）だけで人間は生きていくことはできません。人と人との関係（間）のなかで生きる「人間」は,語りかけ——それに応えるという応答のなかで自分の存在や必要性が認められたり,愛情や友情を感じたりします。そうした承認や愛情という関係のなかで生まれ育つことで,自分のことを大切な存在,必要とされていると感じ,自尊感情をもつことができます。

　こうしたことを表す素敵な言葉があります。それは,パウル・ティリッヒ[8]という人のThe feeling of being necessaryです。これは,「あなたは,いなくてはならない大切な存在ですよ」「あなたが必要だよ」という承認の関係を表すと同時に,「自分は大切な存在なんだ」という自尊感情を表す言葉です。嶋田啓一郎（しまだけいいちろう）[9]や秋山智久（あきやまともひさ）[10]という社会福祉学の著名な先生は,この言葉はソーシャルワークにおける最高原理（もっとも根源にあるもの）であるといっています。

（2）知識

　ソーシャルワークの専門教育では，福祉の問題を生み出す社会についての知識，福祉の問題を抱えている人や問題についての知識，福祉の問題を改善・解決するために必要な制度（仕組み）についての知識，相談援助に関する知識，そして，社会福祉の概略についての知識など，さまざまな知識を学びます。このなかでここでは，「福祉の問題を抱えている人」と「社会福祉の概略」についての知識に絞り，紹介します。

❶福祉の問題を抱えている人に対する正しい理解

　サービス利用者については，主に次のようなことを学びます。
- その人の病気や障がい（たとえば，認知症，うつ病，発達障がいほか）
- その人がおかれている状況（貧困，介護や養育が必要，地域や社会からの孤立ほか）
- そこにおけるその人の気持ち（困った，やる気が起きない，不安ほか）

　これらに加えて大切なことは，サービス利用者に対する正しい理解です。その例を3つ紹介します。

障がい者である前に一人の人間，そして，社会（環境）という視点

　「私たちは障がい者と呼ばれています。でも，私たちは障がい者である前に，一人の人間です」と，ある知的障がいのある人がいいました。

　障がい者という言い方では，「人（者）」より，障がいに関心が向いてしまいがちです。そして，「～ができない人」というようにとらえ，そこから「自分たちより劣っている」という，どこか上下関係のような意識がもたらされてしまいます。こうした見方は不適切であり差別的です。そのような見方をしないためには，まず「障がいがある人も私たちと同じ人間」と，「対等な関係」でとらえる必要があります。その同じ人間が，たまたま何らかの理由で障がいがあり，支援を必要としているのです。

　また，障がいは，個人（人）と環境が合っていないことから生じる「不自由（やろうとすることができないこと）」です。いつの時代・社会にお

いても障がいのある人がいます。心身に障がいをもって生まれてきたことには、その当事者にはどうすることもできません。本人にはどうすることもできないことが原因となって被る不利益（〜することができない、〜する機会がない）は、社会が補うべきです。

　たとえば、足が動かない障がいがあるが故に、移動することができなくとも、電動車いすや介助があれば、移動することができますし、知的障がいがあるため働けないと思われている人も、その人の能力に合った仕事があれば、働くことができます。要は、ある人の心身に障がいがあっても、それを補う環境があれば、その人もいろいろなことができるのです。

「困った人」ではなく「困っている人」

　2006年に『困った子は困っている子』（大和久 勝（おおわくまさる）編著）という本が出版されました。この本は学級崩壊の原因とされたり、いじめを受け不登校となったりすることで「困った子」（問題児）と扱われていた発達障がいのある子どもは、実は、その子自身が誰よりもつらい思いをしている「困っている子」であると指摘しています[11]。

　他の例です。望まない妊娠をし、まわりに知られたくないので妊婦の検診を受けることなく、病院に飛び込みで、あるいは病院でないところで出産をする人がいます。彼女たちも、医療現場にさまざまな問題をもたらす「困った人」ととらえられがちです。しかし、彼女たちの状況や生活環境をよく見れば、そういう形で出産せざるを得なかった「困っている人」であることがわかります[12]。

　ソーシャルワーク教育では、人間を環境や状況から切り離して理解するのではなく、さまざまな環境や状況のなかで生きている人、それぞれの人にその人固有の歴史があると理解します。

路上生活者を生み出す構造的な問題

　路上生活者に対して、「そうなるのは、その人が遊んでばかりいたり、努力しなかったりしているからであり、自業自得あるいは自己責任だ」という人がたくさんいます。そういう人の多くは、路上生活者の現実を知り

ません。知らないのに，そう思うようです。こうした人とは違って，長年にわたり路上生活者に対して支援という関わりを続けている生田武志(いくたたけし)さんは，自らの経験をふまえて「それは違う」といいます。そして，路上生活に陥る理由を「いす取りゲーム」を例に説明しています。

なお，以下の説明のうえに，人が5人，いすが3つの絵があると想像してください。

「『いす取りゲーム』を考えてみよう。いすを取れなかった人は『自分の努力が足りなかった。自業自得だ』と思うかもしれない。けれども，いすの数が人数より少ないかぎり，何をどうしたってだれかがいすからあぶれる。かりにその人がうんと努力すれば，今度はほかのだれかのいすがなくなってしまう。すべての人がいまの1万倍努力したとしても，ふたりがいすを取れないことには全然変わりがない。

つまり問題は個人の努力ではなく，いすと人間の数の問題，構造的な問題なのだ。この場合，いすとは『仕事（あるいは正規雇用）』。仕事がなくなれば，収入がなくなり，いずれは家賃も支払えなくなり，最後には野宿になるだろう」[13]

これらはほんの一部ですが，専門的な知識を学ぶことで，「福祉の問題を抱えている人」に対して正しい理解をすることができるようになります。

❷社会福祉の概略に対する知識

権利保障と人々の支え合い

社会福祉のことを「困っている人がいる。かわいそう。だから，助けてあげる営み」と理解している人がいると思います。しかし，こうした同情・憐れみの眼差しは，そう思われている人を傷つけます。そのため，社会福祉の理解としては不適切です。

人間一人ひとりには人権があり，人間らしい暮らしをすることができる権利（生存権といいます）があります。また，人間には自分のことは自分

で決め，幸せを追求する権利があります（幸福追求権といいます）。このほか，誰がいつ，生活することが困難になるかはわかりません。こうした専門的な価値観（人間理解）や事実に基づき，ソーシャルワークの最初の学びでは「社会福祉とは，一人ひとりがもっている"人間らしい暮らしができる権利（生存権）"と"幸福を追求する権利（幸福追求権）"を保障する営みであり，互いに支え合う制度（仕組み）や活動である」という知識を身につけます。

制度・組織・実践という3層構造，または法制度と自発的活動

介護やソーシャルワークという「実践（実際に人と関わって支援する活動）」だけが社会福祉ではありません。社会福祉には，生存権や幸福追求権を保障するために国や地方自治体がつくる仕組み＝法制度という側面があります。その法制度のなかで，さまざまな相談機関（たとえば，福祉事務所や児童相談所）や社会福祉施設という組織がつくられます。そして，その施設に勤める職員が福祉サービスを提供する，という実践をします。また，こうした法制度に基づくものだけが社会福祉ではありません。ボランティアのような自発的な支援活動も社会福祉です。

カリキュラムと授業の形態

（1）カリキュラム

大学の学部には，「学生にこういう力を身につけてもらいたい」という目標があります。その目標を達成するために授業を編成して示したものをカリキュラムといいます。

ソーシャルワークの教育では，主に1～2年生で教養の力を身につけ，2～4年生で専門の力を身につける編成となっています。

（2）授業の形態

❶講義科目

　講義科目は，主に一人の教員が数十人から多ければ数百人の学生に対して，科目名に関する知識を教える授業形式です。日本の大学におけるソーシャルワーク教育の場合，教養科目，社会福祉士の受験資格に必要な科目，資格には関係しないが社会福祉に対する理解を深めるために学ぶことができる科目，その他の科目（たとえば，社会福祉士以外の資格を取得するために必要な科目）などに分かれています。

❷演習科目

　演習科目は，教員一人に対して数名から20名程度の学生が，あるテーマについて話し合ったり，活動を通して学んだりする科目です。教養や社会福祉の基礎について学ぶ演習，ソーシャルワークの実践力を身につけるための演習，社会福祉実習の準備や振り返りをする演習に分かれています。

❸実習科目

　社会福祉士の実習であれば，学生が社会福祉の現場に行って180時間以上学ぶ科目です。社会福祉実習の準備や振り返りをする演習および社会福祉実習は，実践力を身につけるだけではなく，「言葉遣いや挨拶，遅刻はしない，体調管理，協働，責任をもって物事を行う」といった社会人・組織人としての素養も養います。

4　講義科目の紹介

　社会福祉を学ぶ大学には，さまざまな講義科目があります。第4章は「社会福祉原論」あるいは「現代社会と福祉」という講義名で，第3章の1節および3・4節は「相談援助論」といった講義名で，それぞれ学ぶ内容です。ここでは，その他の講義科目のなかから，ソーシャルワーク実践

を学べる主な科目を5つピックアップして紹介します。

なお，講義科目名は大学によって異なるので，以下の名称はあくまで一例です。また，各講義の最後に述べられている見解は，執筆者が「この授業はこういう点も大切にしてほしい」と願っている内容です。そのため，各大学の授業で，そこにある内容が教授されているとは限らないことをお断りしておきます。

（1）公的扶助論

❶講義の概要

退職して収入が年金のみとなり，経済的に苦しくなる高齢者の貧困，年収が子どものいる一般世帯の36％程度しかない母子家庭の貧困[14]，子どもの6人に1人は相対的貧困層のなかにいるという子どもの貧困，激増する野宿者[15]など所得格差が広がるなかで，貧困状態の人がたくさんいます。こうした貧困は，湯浅誠さんがリアルに描いているように，虐待，殺人，犯罪，餓死など深刻な問題に陥ってしまう可能性を秘めています[16]。

貧困は，政府が行う調査では把握できないものも多くあり，見えにくいものです。そのためこの科目では，まず「貧困」という言葉の意味をしっかりと理解し，貧困を見えるように（理解できるように）します。そのうえで，貧困を予防する仕組みや貧困に対応する仕組みについて学びます。また，この科目では，そうした貧困に対応する制度を，ソーシャルワーカーが活用できるようになることを目的にしています[17]。

この科目で学ぶ貧困の予防・対応をする公的扶助は，社会福祉という仕組みと実践（ソーシャルワーク）の最後の砦となるとても重要なものです。

❷ソーシャルワーク実践

公的扶助とは，国家責任のもと，貧困・低所得者を対象に，最低あるいはそれに近い生活を保障するために，公費を財源として行われる救貧対策です[18]。その中心にあるのが生活保護制度です。生活保護制度は，日本国

憲法第25条に規定されている「すべて国民は，健康で文化的な最低限度の生活を営む権利」（生存権）を保障するとともに，生活保護の対象となる人の自立の助長も積極的に図っていくことを目的としています。具体的な援助には，生活，教育，住宅，医療，介護，出産，生業（仕事・就職），葬祭といった8つの扶助（援助）や，保護施設（救護施設，更生施設，医療保護施設，授産施設，宿泊提供施設）の提供などがあります。また，自立の助長をより有効に行うために，2005年から自立支援プログラムが導入されました。

　このほか，2015年4月から始まった生活困窮者自立支援制度があります。この制度は，現在は生活保護を受給していないが，生活保護に至るおそれがある人で，自立が見込まれる人を対象としています。具体的には次のような人たちです[19]。

- 離職後，求職の努力を重ねたが再就職できず，自信を失ってひきこもってしまった人
- 高齢で体の弱った親と二人暮らしを続けるうちに，地域から孤立してしまった人
- 家族の介護のため，時間に余裕はあるが収入の低い仕事に移った人
- 配偶者からの暴力を逃れて家を飛び出したが，子どもが幼いために就業が難しい人
- いじめなどのために学校を中退し引きこもりを続けるうち，社会に出るのが怖くなってしまった人
- 家計の管理がうまくできないために，借金の連鎖を止められない人，など。

　これらの人たちに対して，次のような支援を行います。

- 住まいに関する支援（家賃相当額を支給，緊急に住まいが必要な人に衣食住を提供）
- 仕事に就き，経済的に自立するための支援（一般就労に向けたサポート，柔軟な働き方による就労の場の提供）

- 家計の立て直しの助言・支援
- 子どもや保護者に対する学習や進学の支援

　公的扶助の領域におけるソーシャルワークは，主として「貧困・低所得者」と「生活保護制度や生活困窮者自立支援制度」を結びつけることで，生存権の保障と自立の助長を図ります。このとき，貧困・低所得者は，失業したおとなだけではないことに注意しなければなりません。貧困・低所得などの経済的に困窮している人たちには，高齢者世帯，母子世帯，障がい者世帯，多重債務問題を抱えている人などさまざまです[20]。こういった人たちに対するソーシャルワークは，生活保護制度や生活困窮者自立支援制度だけではなく，高齢者であれば介護保険制度，母子世帯であれば児童扶養手当，障がい者であれば障害者総合支援法に基づく制度など，ほかの制度もいっしょに利用する場合があります[21]。

　ここでは，路上生活から生活保護制度を利用した例を紹介します[22]。

普通の会社員から失業者へ

　地方から上京。首都圏の大学を卒業し印刷会社に就職。同じ会社の社員と結婚し，一男一女を授かりました。妻は最初の妊娠と同時に退職し，その後はパート勤めをして，普通の暮らしを送っていました。ところが，パソコンやプリンターの普及とともに印刷会社の経営が悪化。残業も休日出勤もいとわず，人間関係も良好に働き続けてきた会社でしたが，49歳のとき，ついに倒産。解雇されました。

求職の困難さから酒に逃げる――家族崩壊へ

　子どもの学費も必要だったので，最初の2年くらいは必死に仕事を探しましたが，印刷・出版業界はパソコンの普及で，それまでに培ってきたスキルや経験は役に立たなくなっていました。そんななか，自分の存在は，社会には必要とされていない気がしていました。それでも，家族のためにと引越し屋などのアルバイトもしましたが，50歳代では正社員にはなれませんでした。次第に気持ちがすさみ，アルバイト代で酒を飲むようになり，

ときに大声で家族をなじったりもしました。貯金も底をつき，職探しをせずに1日酒を飲むようになって1年後，離婚届をおいて妻と子どもは家を出て行きました。

路上生活から生活保護制度の利用へ

家族を失ってから収入らしい収入もなく，長期に家賃を滞納して住まいを追い出されました。最初のうちは昔からの友人を頼って泊まり歩いたりしましたが，長くは続かず，ホームレス状態になってしまいました。時折チラシ配りのアルバイトなどを見つけて細々と生活を続けていましたが，1年半が経過した頃，体がだるくて思うように動けなくなってしまいました。あるとき，炊き出しのスタッフに声をかけて相談したところ，すぐに民間のシェルター（ホームレス状態の人が一時的に滞在できる場所）が手配され，無料低額診療（医療機関が低所得者などに無料または低額で診療を行う事業）を受けることができました。

翌日，支援者といっしょに福祉事務所（市役所などにある福祉の相談を担当する部署）へ向かい，生活保護の申請をしました。思いがけず速やかに受理され，すぐに医療券（医療扶助の1つ）が発行されて受診することができました。診察の結果は，肝硬変でした。受診後，更生施設（保護施設の1つ）で過ごし，食事・服薬・睡眠もきちんととれて体調が安定してきたため，アパートで暮らすこととなりました。

生活に困窮した人に対して，生活保護制度などを使ってソーシャルワークを展開するのが，市役所などにある福祉の相談窓口（福祉事務所）の職員です。この職員は，一般的にはケースワーカーと呼ばれています（ケースワークは，ソーシャル・ケースワークを略したものです[23]）。

ケースワーカーは生活保護の申請（申し出）に対して，①保護を受けるべき人が保護を受け，②保護を受けてはならない人が保護を受けないように，見極めなければなりません[24]。相談する人は生活保護を申請する権利をもっていますので，福祉事務所の職員が申請を「受け付けない」という

ことは違法です[25]。にもかかわらず，なんだかんだといって福祉事務所の職員が申請用紙を渡してくれないことがあります[26]。理由は，職員の利用者に対する偏見や制度に対する理解不足[27]，膨張する社会福祉予算を抑制するため[28]などです。

こうした生活保護の申請を受け付けない（申請用紙を渡さない）ことを，生活保護制度の利用を窓口（水際）で食い止めるという意味で「水際作戦」と呼ばれています。第4章（p.82）で次のような状況を紹介しました。

2012年1月，42歳のお姉さんと40歳の障がいのある妹さんの2人世帯。お姉さんが失業中で公共料金を滞納し，ガス・電気が止められているなか，お姉さんが病死し，障がいのある妹さんが凍死しました[29]。

この姉妹のお姉さんも，水際作戦といえる役場の対応により，生活保護を受給することができませんでした[30]。

ときどき，「大学と現場は違う」あるいは「理論と実践の乖離」といった言葉を聞きます。そこには，「大学で教えていることは現場では役に立たない」とか，「理想と現実は違う」といった意味があるのだと思います。確かに，そういった面も一部あるかもしれません。しかしそれでも，大学における講義は，社会福祉の本来のあり方，ソーシャルワークのあるべき姿を学生に伝えています。

公的扶助領域におけるソーシャルワークのあるべき姿は，生活保護制度が必要な人とそうでない人を見極め，必要な人に対しては生活保護などの制度（サービス）を利用してもらうことで，その人に応じた自立を助長することです。人が人間らしく暮らしていくための「最後の砦」である生活保護制度の利用にあって，「水際作戦」などあってはいけません。そうしたことを学生に伝えるのも公的扶助論です。

（2）児童福祉論

❶講義の概要

　いじめや不登校，非行，障がいのために対応が必要な子どもがいます。親が亡くなったために養育者がいない，あるいは，病気や虐待のために養育を受けることが困難な子どももいます。子どもから親に目を転じてみると，子育ての不安，虐待をしてしまう，貧困といった問題を抱えた親がいます。このほか，子育てに対する経済的・心理的不安から出産を控えてしまう人たちがいます。その結果，将来の社会を支える子どもが減少してしまうという問題もあります。

　こうした児童と家庭に関する問題に対応する仕組みやソーシャルワーク実践について学ぶ科目が児童福祉論です。具体的には，子どもは「保護される存在」というより「一人の権利をもった存在」であると理解し，「子ども」と「家庭」，「家庭」と「職場や地域」といった視点から，子どもの最善の利益と健やかな養育環境を実現するための法制度（児童福祉法，母子及び父子並びに寡婦福祉法，児童虐待の防止等に関する法律ほか），行政機関（児童相談所，福祉事務所，保健所ほか），社会福祉施設（児童養護施設，母子生活支援施設，保育所ほか）について学びます。そのうえで，行政機関や社会福祉施設における職員が行っているソーシャルワーク実践を学びます。

❷ソーシャルワーク実践

　児童福祉におけるソーシャルワーク実践の事例として，児童虐待によって「低体温・脱水症状に陥った新生児」への支援を取り上げます。

問題の状況

　生後十数日の女児（長女）が低体温・脱水症状を起こしA病院に緊急入院しました。

対応の経過

　2010年4月10日：A病院よりB市の子ども支援課に児童虐待の通告があ

り，関係機関（児童相談所ソーシャルワーカー，B市子ども支援課ソーシャルワーカー，地区担当保健師，病院スタッフなど）が会議を開き，今後の対応について話し合いました。

　2010年4月17日：児童相談所ソーシャルワーカーと保健師が家庭訪問を行い，両親から事情を聴きました。母親の話では，「長女のミルクの飲み方が悪く，どうしたらよいかわからなかった。出産した病院に相談したが，とくに何もせずに放っておいたところ動かなくなった。そのため，病院を受診し，緊急入院になった」といっていました。

両親に関する情報

> 　母親は29歳で4人（三男一女）の子どもを出産している。10歳代で長男を出産するが，満足に養育ができず，母方祖母が引き取り養育している。また，次男を出産するもやはり養育ができず，児童相談所のソーシャルワーカーと相談し，里親に預けている。さらに，三男が生後6か月の頃，長時間放っておかれることで床ずれができ，ひどい状態にまでなったこともあった。
> 　今回の長女の低体温症・脱水症状は医師によると，短期間ではそのような状態になることはなく，長期間の放任が原因と見られる。これらのことより両親の養育能力は極めて低いと思われる。なお，両親は現在生活保護を受給している。また，母方祖母も生活保護家庭であり，世代間連鎖が見られる。

　2010年5月1日：児童相談所ソーシャルワーカーが関係機関を病院に召集し，長女の対応を検討しました。児童相談所は，現状の家庭での養育は心身の発育に悪影響を及ぼすと判断し，乳児院〔乳児（保健上，安定した生活環境の確保などがとくに必要な場合には幼児も含む）を対象とした児童福祉施設の1つ〕への入所を決定しました。

　児童相談所ソーシャルワーカーは，長女の乳児院入所中に両親に養育についてきめ細かな指導を行い，継続的な面会を促しました。9月からは三

男もいっしょに面会に行きました。面会の際，乳児院の職員が長女への養育指導を行うとともに，児童相談所の保健師も関わり方を助言しました。さらに児童相談所ソーシャルワーカーは，乳児院の職員に面会時の両親や長女の様子をたびたび聴取しています。

　2010年12月10日：児童相談所の児童心理司が長女の発達検査を行い，心身の成長が順調であることを確認しました。そして，児童相談所ソーシャルワーカーが両親に長女の家庭への受け入れについて助言・指導を行い，外泊訓練を繰り返しました。その間，児童相談所ソーシャルワーカーと保健師が親子の様子を確認しましたが，とくに問題のない状況でした。

　2011年1月10日：児童相談所が関係機関（乳児院，B市子ども支援課，保健センター，児童家庭支援センター，第三者委員など）と長女の今後の対応を協議し，長女の家庭復帰を決定しました。

まとめ

　両親は長女が緊急入院した際，すぐに退院できると思っていました。しかし，関係機関は長女の発達が遅れており，両親の養育態度が改善されない限り，家庭での養育は困難と判断し，乳児院への入院を決定しています。そして，入院中に児童相談所のソーシャルワーカーは，関係機関と連携して両親の養育態度の改善を図り，家庭引き取りに至りました。

　このようにソーシャルワーカーは，子どもの命を守るという「子どもの最善の利益」のために関係機関との連携を図り，また，両親に継続的に根気強く養育指導を行います。そうすることで，長女が両親とともに生活し，心身ともに健やかな成長ができるという「子どもと家庭の福祉」の実現をめざします。

　子どもは生まれてくる家庭環境を選ぶことはできません。にもかかわらず，養育環境や教育の機会などには著しい違い（不平等）があります。こうした現実に対して，「子ども時代の平等実現」のためにできること，そして，子どもが親を，または親が子どもを，それぞれがかけがえのない大

切な存在と思える家庭環境を整えるために必要なこと，これらのことを学ぶのが児童福祉論です。

（3）障がい者福祉論

❶講義の概要

　障がい者と聞くと，目が見えない人や車いすの人を思い浮かべると思います。そして，一人で外出することなどは難しい人と思うかもしれません。しかし，そのような人も，バリアフリーの環境や必要な支援があれば移動することはできます。このように「障がい」とは，個人がもっている状態（目が見えない，車いすを使っているといった状態）というより，「さまざまな状態にある人間」と「その人が暮らす生活環境」が合っていないために生じる「生活するうえでの支障」のことです。

　社会には，身体，知的，精神，発達といった側面において，さまざまな特性をもった人たちがいます。それは一人ひとりの「違い」に過ぎません。人間は実に多様です。にもかかわらず，その環境である社会は，ある一定の人間像を想定した極めて画一的な環境となっています。こうした「多様性」と「画一性」との間で生じる支障のことが「障がい」です。多様な人間のなかの，ある一部の人たちがこうした「障がい」を被り，「障がい者」と表現されているのです。

　「障がい」を被っている人は，その人に何の責任もないのに，さまざまな生活のしづらさや生きづらさを抱えています。たとえば，食事，入浴，排せつをすることができない，外出することができない，働く場がない，入所施設での暮らしのため一人でいる時間や場所が少ないといったものです。

　障がい者福祉論では，こうした問題を改善・解決するために必要な考え方（権利，ノーマライゼーション，自立，エンパワメントなど），法制度（障害者総合支援法，所得，教育，住宅，雇用などに関する法律など），行政（市

町村など），相談機関（相談支援事業所など），社会福祉施設（障害者支援施設，就労支援事業所など），および援助方法（ソーシャルワーク）について学びます。そして，障がいのある人が自分らしく，いきいきと生活するにはどうしたらよいかを考え，実践する力を身につけます。

❷ソーシャルワーク実践

　障がい者福祉分野で働くソーシャルワーカーは，障がいのある人が生活する施設（障害者支援施設，グループホーム），働く場所（就労支援事業所），そして相談する相談支援事業所などにいます。ソーシャルワーカーは，障がいのある人が過去にどのような生活をされてきたのか，現在はどのような状況であるのかを把握したうえで，これからどのような生活を望んでいるのかを共有し，それに向けて支援を展開していきます。

相談支援事業所におけるソーシャルワーク——ニーズと社会資源を結びつける

　地域には，相談支援事業所というところがあります。ここでは，障がいのある人などからの相談に応じ，必要な情報の提供，障害福祉サービスの利用支援，障がい者虐待への対応などを行っています。

　たとえば，自宅で介護のサービスを利用したいという人に，居宅介護（ホームヘルプサービス）を紹介したり，企業で仕事をすることは困難だけど何か仕事をしたいという人に，就労支援事業所（仕事を提供し，就労に必要な支援を行う。就労移行支援と就労継続支援がある）を紹介したりしています。また，保護者による介護が難しく，居宅介護などでは暮らすことが難しくなった人に，障害者支援施設（日中の活動，介護，そして暮らしの場を提供している施設）を紹介します。

障害者支援施設におけるソーシャルワークⅠ
——ニーズとボランティアを結びつける

　たとえば，身体障がいのある人が生活している施設（障害者支援施設）で働くソーシャルワーカーが，入所しているAさんから「現在の3か月に1回の外出では少なすぎる。もっと外出する機会を増やして生活を楽しみたいのにその機会がない」という話（ニーズ）を聴き取ったとします。ソー

シャルワーカーは，社会福祉協議会を通してAさんの外出のお手伝いをしてくれるボランティアを地域住民から募集したり，近隣の大学に呼びかけたりします。こうしてソーシャルワーカーは，「外出する機会がない」というAさんのニーズと，「外出支援ボランティア」という社会資源とを結びつけます。

障害者支援施設におけるソーシャルワークⅡ
──ニーズと法制度のサービスを結びつける

　障害者支援施設のソーシャルワーカーは，必要とされる介護を行いつつ，そこで暮らしている人が秘めている可能性，力を引き出したり，その人が暮らしている環境を地域での暮らしに近づけたりします。また，必要に応じて，その人のニーズ（必要なこと）と社会資源を結びつけます。一例を示せば，地域にある「グループホームというアパート」を必要としている人がいれば，その人とグループホーム（障害者総合支援法に基づく社会資源）を結びつけます。

就労支援事業所におけるソーシャルワーク
──環境調整，ストレングスとエンパワメント，ニーズと社会資源を結びつける

　知的障がいのある人が働く障害福祉サービス事業所（就労支援事業所）のソーシャルワーカーは，「知的障がいのある人が働きやすい環境づくり」を行います。たとえば，知的障がいのあるBさんは言葉を理解することが苦手で，イラストで図式化するほうが理解しやすい人であるとします。ソーシャルワーカーは，「イラストのほうが理解しやすい」点に着目し，イラストを使うことで作業手順をわかりやすくします。このように「できないこと」を支援するだけではなく，「できること・得意なこと」（ストレングスといいます）にも着目しながら，その人の生きる力，主体的に取り組む力を引き出します（エンパワメントといいます）。

　また，ソーシャルワーカーの活動は，施設のなかだけにとどまりません。作業をより多く受注できるように，企業と調整・交渉することもあります。さらには，その事業所が地域から孤立せずに地域住民とのつながりを創っ

ていくためにお祭りを開催するなど，地域住民と交流できる機会を創ることもあります。

　児童や高齢者あるいは貧困の問題に比べると，他人事(ひとごと)ととらえられやすいのが障がい児・者福祉の問題です。また，世のなかには，「自分はあんなふうになりたくない」といったマイナスのイメージがあります。障がい者福祉論では，こうした問題についてどうすればいいのかを受講者とともに考えます。障がい児・者領域におけるソーシャルワーク実践を学ぶだけでなく，障がいのある人もない人もともに生きる「共生社会」を創っていくために必要なことを学ぶのが障がい者福祉論です。

（4）高齢者福祉論

❶講義の概要

　『平成28年版高齢社会白書』によれば，2015年10月1日現在，日本において65歳以上の高齢者が総人口に占める割合（高齢化率）は26.7％でした。人口の4人に1人以上は高齢者です。高齢者の割合が高くなるとさまざまな問題が生まれます。まず，高齢者自身の問題としては，介護や医療を必要とする人が増える，虐待を受けている，退職により収入がなくなり年金だけでは生活が苦しい，人との付き合いがなく地域で孤立している，やること・役割がなく生き甲斐を失っているといったものがあります。次に，介護をしているご家族の問題があります。介護疲れ，高齢者が高齢者を介護する老老介護，介護のために仕事を辞めざるを得ない介護離職，若者が介護をしなければならない若者介護といったものです。そして，社会の問題としては，増大する介護や医療を必要とする人に対して，政府（国や地方自治体）や国民はどうすればいいのか，医療費や社会保障費はどうすればいいのかといったものです。

　こうした高齢者福祉の問題に対して，高齢者が地域で尊厳をもって暮ら

すことができる制度（支える仕組み）や実践（ソーシャルワークとケアワーク）について学ぶ科目が高齢者福祉論です。高齢化率の上昇に対応する社会を創ることは，日本社会の大きな課題です。この課題について学ぶのも高齢者福祉論です。

❷ソーシャルワーク実践

介護保険制度を活用してソーシャルワークを行うケアマネジメント

　これまで，介護の主な担い手は家族でした。しかし，一人暮らしや老夫婦だけで暮らす高齢者など，家族の介護が期待できない高齢者が増えています。また，認知症や寝たきり状態の高齢者など，家族だけで継続して介護をし続けることが困難な高齢者も増えています。こうした問題に対応する仕組みが介護保険制度です。

　介護保険制度は，保険料を支払い，介護が必要になったときに介護サービスを利用する仕組みです。そして，介護保険制度を使ってソーシャルワーク実践をする人がケアマネジャー（介護支援専門員）です。ケアマネジャーはケアマネジメントという手法を使いますが，それは，「利用者の問題（ニーズ）」と「その問題を改善・解決できるもの（資源）」を結びつけるというソーシャルワーク実践の１つです。

　たとえば，「歩くことが不自由になり家にいることが多くなった」「やることがなく人と会えないので孤独である」といった問題があった場合，ケアマネジャーは車の送迎があり，レクリエーションや食事・入浴などのサービスもある老人デイサービスを紹介することで，その人の問題を解決します。

　あるいは，在宅における福祉サービスと家族の介護では，継続して介護を受けることが困難になっている人の場合，ケアマネジャーは，特別養護老人ホーム（介護を必要とする人をケアする施設）を紹介することで，その問題を解決します。

特別養護老人ホームにおけるソーシャルワーク実践

　福祉の現場では，人が生きていくうえで大切なことに気づかされること

があります。一例をあげれば，福祉の仕事をする人は，関わる人たちから「ありがとう」という感謝の言葉をいただくことがあります。特別養護老人ホームのソーシャルワーカー（生活相談員）も入居されているお年寄りから「あんちゃん，ありがとうね」とか，施設に来るご家族から「ありがとうございます」といわれます。その言葉が仕事のやりがいにもなっています。

筆者が特別養護老人ホームで実習をしている学生を訪ねた際に感じたのは，「では，入居しているお年寄りは誰かから『ありがとう』と言葉をかけてもらったことがあるのだろうか」ということでした。職員は入居者のかたから「ありがとう」といわれますが，そこで暮らしている人のほとんどが，施設に入所してから「ありがとう」という声をかけられていないのではないでしょうか。

私たちは「ありがとう」という言葉によって，自分が必要とされていることを感じます。そうした言葉がなく，介護を受けるだけの状態のとき，人はどう思うでしょう。なかには，自分は必要とされておらず，周囲に負担だけかけているのではないかと感じている入居者がいるかもしれません。ケアワーカーは，入居者にとって必要不可欠な介護を日々行っています。その一方で，入居者のかたが施設での暮らしのなかでも「ありがとう」という言葉をかけてもらえる環境を整えることは，ソーシャルワーカーの仕事の1つではないかと思うようになりました。

　高齢者福祉において必要なことは，介護だけではありません。収入，人と人とのつながり，そして，生きる意味（生きがい）など，人が生きていくうえで必要なことを理解し，そうしたことを支援する仕組み（制度）や実践について学ぶ科目が高齢者福祉論です。

(5) 地域福祉論

❶講義の概要

　第二次世界大戦後に生まれた「社会福祉という支え合いの仕組みと実践」は，国が制定する法律を軸に構築されてきました。その結果，福祉（支援）は行政がすることといった意識が住民に生まれました。

　しかしながら，第4章で見たように，今日では所得格差が広がり，貧困状態で暮らしている人が増えています。また，高齢者が増えることで，介護が必要な人も増えています。財政が苦しい状況のなか，こうした問題に行政を中心とする福祉サービス（法制度に基づく社会福祉）だけでは，とても対応することはできません。また，いつの時代でも，法制度に基づく社会福祉では対応することができない人たちがたくさんいます。

　それでは，どうすればいいのでしょうか。そもそも地域の問題は，そこで暮らしている地域の人が行政と協働して改善・解決していくべきではないでしょうか。こうした考えに基づき，地域における支え合いの仕組みをどうやって創っていくか，あるいは，地域のなかで生活することが困難な人たちへの支援をどうすればいいのか，こういった点について学ぶ科目が地域福祉論です。

❷ソーシャルワーク実践

　地域福祉におけるソーシャルワーク実践は，大別すれば，①地域における支え合いの仕組みを創る，②誰もが安心して，不自由なく暮らせる地域を創る，③地域で暮らしている人の生活困難を改善・解決するの3つです。以下では，この3つの例を紹介します。

地域における支え合いの仕組みを創る——徘徊に早期対応する仕組み

　社会福祉協議会のソーシャルワーカーが，若い介護者を支援した事例の一部を紹介します。

　若年性認知症の母親を介護している20歳代の娘より「若いため，高齢者

向けのサービスの利用につながらない，また徘徊で困っている」という相談が入りました。そんななか，母親が孫を連れて徘徊するという事件が起こりました。幸い見つかったものの，徘徊により行方不明になるケースもあることが警察などに問い合わせてわかりました。……中略……そこで，市のライフセーフティネット総合調整会議へ提案し，携帯電話による「徘徊SOSメールプロジェクト」を立ち上げました。そこに，警察，消防，高齢介護課，地域包括支援センター，介護者の会，介護保険事業者連絡会議などに参画いただき，徘徊者の家族からの情報をもとに捜索協力のメール配信ができる仕組みを開発しました[31]。

誰もが安心して，不自由なく暮らせる地域を創る――痴漢を予防する仕組み

1960年代の初め頃，兵庫県のある社会福祉協議会が遭遇したケースです。ある田舎で女子高校生が通学途中の山道で痴漢に襲われました。この件を知ったソーシャルワーカーは自分が勤務する社会福祉協議会内で問題提起を行い，秋の共同募金に特別募金をお願いし，足掛け3年にわたっておよそ2kmの道に10灯の防犯灯を設置しました。それ以後，夜間，とくに暗くなる田舎道で女子高校生が痴漢にあうという声も聞かれなくなったようです。防犯灯の設置費，維持費は社会福祉協議会が当初負担していたそうですが，後年は公的制度として確立しました。防犯灯という社会資源は，いまもなおなくなってはいません[32]。

地域で暮らしている人の生活困難を改善・解決する――ひきこもりの息子の支援

社会福祉協議会のソーシャルワーカーが，ひきこもりの息子に対して行った支援を紹介します。

80歳代の父親から，息子の家庭内暴力についての相談が入りました。家庭訪問すると，息子は，20年以上ひきこもっており，母親も高齢で介護認定を受ける必要がありました。また，発達障がいの息子に対して，親は病気（障がい）に対する理解がないために，日常的にトラブルが発生してい

ることがわかりました。そこで、①保健所とともに息子の医療受診や年金の手続き、②地域包括支援センター（の職員）とともに母親の介護認定（の手続き）、③父親や息子への関わり方や同じ悩みをもつ人たちと出会う場所として、発達障がい者の家族交流会を組織化し、さらに居場所づくりを行いました[33]（カッコ内は編者が挿入）。

　このように地域福祉のソーシャルワーカーは、まず、地域の情報をキャッチするネットワークを創ることで、地域で暮らしている人たちの生活困難を鋭敏に察知します。そして、その生活困難に対応し、もし既存の仕組みで対応できなければ、仕組みを開発して解決を図ります。

　経済という仕組みは国を超え、世界という単位で動いています。政治という仕組みは国という単位を軸にしていますが、人口が多い日本ではその仕組みは複雑で巨大です。こうした大きな仕組みに依存しながら私たちは暮らしています。仕組みが複雑で巨大になればなるほど自分で判断し、自分たちで暮らしを創っていく力が削がれていきます。こうした傾向に抗して、自分たちで自分たちの地域を形成することを学ぶのがこの地域福祉論です。

5 ソーシャルワーク教育によって修得できる力と素養

（1）力と素養

　ソーシャルワーク教育を受け、自らソーシャルワーカーになるために必要なことを学んでいくと、第6章で述べたような教養の力や、この章で述べた専門の力が身につきます。しかし、ソーシャルワーク実践をするためには、社会人・組織人としての素養と専門職としての素養も必要になります。

ここでいう素養とは，専門職として仕事をしていくために必要不可欠となる基礎的な能力・資質のことです。それには，「社会人・組織人としての素養」と「専門職（ソーシャルワーカー）としての素養」があります。

❶社会人・組織人としての素養

　ソーシャルワーカーが活躍する場所は，社会福祉施設，福祉事務所，児童相談所，社会福祉協議会などさまざまです。そのほとんどが，ある一定の目的を達成するために設置された「組織」です。すなわち，ソーシャルワーカーは組織の一員として活躍することが多いのです。ソーシャルワークの専門性を発揮するためには，その前提として，社会人・組織人として必要な力を身につけておかなければなりません。それには，「社会人・組織人の基礎として求められる能力」と「仕事を遂行するうえで求められる能力」があります。

社会人・組織人の基礎として求められる能力

　以下の2つの力がなければ，そもそも仕事になりません。

- マナー

　適切な言葉遣い，挨拶，その場に合った服装，一定程度の明朗性，遅刻をしない，指示されたことはしっかりと行うといった力。

- 自己管理能力

　出勤日には休まずに仕事に行けるよう，ストレスを含めた心身の健康および生活を管理する力。

仕事を遂行するうえで求められる能力

　2006年から経済産業省が「社会人基礎力」というものを提唱しています。これは，「職場や地域社会で，さまざまな人々と仕事をしていくために必要な基礎的な力」のことであり，具体的には「前に踏み出す力」「考え抜く力」「チームで働く力」の3つです。これをふまえると，ソーシャルワーカーとして実践するためには，次の力が必要となります。

- 実行する力（一歩前に踏み出し，失敗しても粘り強く取り組む力）

　指示されたことだけではなく，その場で何をすべきであるのかを自ら考

え行動し，失敗しても粘り強く課題を解決していこうとする力。
- 協調する力（多様な人々とともに，目標に向けて協力する力）

自分と違う考えの人や立場の違う人たちと協働して，目標達成に向けて仕事をすることができる力。
- 問い考える力

問題や課題に気づき，どうすればいいのかを考え続けることができる力。

こうした3つの力を引き出すのが，第6章で紹介した教養の力です。実行する力を身につけるためには，「自分自身と適切に関わりながら，自ら学び続けられる力」が必要です。協調する力を身につけるためには，「立場や価値観が違う者同士の間で，"大切なもの"を巡って合意を得ることができる力」「自分とは異なった意見や価値観をもっている人を認めともに活動できる力」「意見を伝え他者とのコミュニケーションを可能とする論理力」「他者の立場を想像し共感することのできる力」が必要です。そして，問い考える力を身につけるためには，「他者とともに生きる，あるいは，ある物事を協働するうえで"大切なこと"を見極めることができる力」が必要です。

このように教養の力は，社会人・組織人の基礎として求められる能力の基盤にもなるものなのです。

❷専門職（ソーシャルワーカー）としての素養

ソーシャルワーカーという専門職が修得すべき素養は，次のようなものです。

- 他者を気遣う感性

専門的な価値の1つに「他者への責任＝倫理」があります。この価値を修得するうえでの素養となるのが，他者を気遣う感性です。これは，困難な状況にいる人に対して，無関心ではいられない（関心を示している）自分に気づき，その人に対して「大丈夫だろうか」と気遣う感覚・気持ちです。

・弱さや誤りを認められる力

　専門的な価値の１つに「他者を認める＝承認」があります。この価値を修得するうえでの素養となるのが，人の弱さや誤りを認められる力です。ソーシャルワークの仕事では，支援を必要としている人の弱さや過ちに遭遇します。そのとき，「この人はダメな人だ」と切り捨てたら，ソーシャルワークは成り立ちません。

・希望を見いだすことができる感性と力

　ソーシャルワーカーが対応する課題・問題には，改善・解決することが困難なものが少なからずあります。とくに，どうすることもできない状況に遭遇したとき，支援を必要としている人だけでなく，ソーシャルワーカー自身も自分の無力感に苛(さいな)まれます。しかし，そうした状況のなかで，ソーシャルワーカー自身が諦めたり，やる気をなくしたりしては，支援は成り立ちません。そのため，ソーシャルワーカーの素養には「希望を見いだすことができる感性と力」が必要となります[34)35)36)]。

（２）力と素養の体系

　ソーシャルワーク教育によって身につく力を体系的に示すと図Ⅲ－２となります。ソーシャルワーカーとして実践していくためには，まず，社会人・組織人としての素養が，次いで専門職としての素養が必要となります。そして，それらの土台のうえに専門職としての力が位置づけられます。

　今日のソーシャルワーク教育では，専門職としての実践力を何とか修得してもらいたいと願うあまり，教養教育がおろそかになっています。

　しかし，第６章で明らかにした通り，「教養とは，教養教育によって身についた『他者とともに生きる立ち居振る舞いや心』」のことです。それは，社会人・組織人としての素養，専門職としての素養，そして専門職としての力の中核に位置し，それらに息吹（生命）を送り込むような働きをするものです。

第Ⅲ部　ソーシャルワーク教育によって身につく力

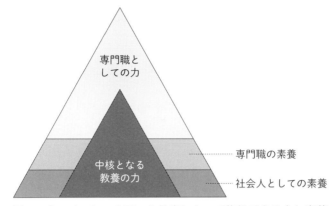

図Ⅲ－2　ソーシャルワーク教育によって修得できる力と素養の体系図

（3）力と素養を身につけるために

　ソーシャルワーク教育によって身につく力と素養を修得するためには，①ソーシャルワーク教育に熱意と責任感をもって教育する教員，および学生と教員のよい関係，②効果的な教育プログラム，③学生自身の学ぶ姿勢が大切です。これらは相互に関連していますが，この本は，主に高校生や大学生を念頭においているため，③についてのみ，お話します。

❶「学生」と「支援を必要としている人」との間にある，目に見えない「関係性」に気づく

　何を学ぶにしても「自ら学びたい」という気持ちがもっとも大切です。教育においてまずしなければならないことは，こうした気持ちを育み，それを引き出すことです。ソーシャルワーク教育も同じです。そのために必要なことは，学生が支援を必要としている人に出会うことです。出会いには，直接の出会いもあれば，テレビや本を通してといった間接的な出会いもあります。大切な点は，その出会いによって「自分に何かできないか」と思う他者を気遣う気持ちがあることに気づくことです。これこそが，「学生」と「支援を必要としている人」との間にある目に見えない「他者への

責任」という関係性への気づきです。

　他者への責任に気づいた人は，支援を必要としている人が抱えている課題・問題を解決するために必要なことを自ら学びます。この責任がソーシャルワークの学びを衝き動かします。

❷ソーシャルワーカー学士スタンダードの試み

　ソーシャルワーカー学士スタンダードとは，ソーシャルワークを学ぼうとする学生に対して，「みなさん，ソーシャルワーカーになるためには最低限こうした力を身につけてください」と，その力や素養を示したものです。これは，学生が自ら学んでいくための目標にもなります。

　教養の力について述べてきた第6章や本章の内容は，ソーシャルワーカー学士スタンダードの一端を示すものです。こうしたスタンダードを明示する教育は，筆者が勤務する関西福祉大学において検討されているもので，ソーシャルワーク教育における先駆的な試みの1つです。

[文献]
1）マルティン，ブーバー／植田重雄訳『我と汝・対話』岩波書店　1979年　p.7
2）サン＝テグジュペリ／河野万里子訳『星の王子さま』新潮社　2006年　p.108
3）サン＝テグジュペリ／内藤濯訳『星の王子さま』岩波書店　2000年　p.94
4）前掲書2）p.109
5）前掲書1）p.19
6）前掲書1）p.39
7）前掲書1）p.129
8）パウル，ティリッヒ／松井二郎訳「ソーシャル・ワークの哲学」『キリスト教社会福祉学研究』14　1981年　p.113
9）嶋田啓一郎『社会福祉体系論――力動的統合理論への途』ミネルヴァ書房　1980年　p.331
10）秋山智久「第2章　人間の幸福と不幸――社会福祉の視点より」嶋田啓一郎監修，秋山智久・高田真治編著『社会福祉の思想と人間観』ミネルヴァ書房　1999年　p.40
11）大和久　勝編著『困った子は　困っている子――「軽度発達障害」の子どもと学級・学校づくり』クリエイツかもがわ　2006年　pp.3-4
12）井上寿美・笹倉千佳弘編著『子どもを育てない親，親が育てない子ども――妊婦健診を受けなかった母親と子どもへの支援』生活書院　2015年　p.4
13）生田武志「高校生へ　『貧困』と『野宿』の社会的背景」生田武志，北村年子『子どもに「ホームレス」をどう伝えるか　いじめ・襲撃をなくすために』太郎次郎社エディタス　2013年　p.44
14）水無田気流『シングルマザーの貧困』光文社　2014年　p.32

15) 前掲書13）　p.18
16) 湯浅　誠『反貧困――「すべり台社会」からの脱出』岩波書店　2008年　pp.38-55
17) 岩田正美「序章　公的扶助とソーシャルワーカー」岩田正美・杉村　宏編著『MINERVA社会福祉士養成テキストブック14　公的扶助論　第 2 版――低所得者に対する支援と生活保護制度』ミネルヴァ書房　2013年　pp.4-5
18) 岡部　卓「第 1 章　公的扶助の概念」社会福祉士養成講座編集委員会編『低所得者に対する支援と生活保護制度　第 3 版』中央法規出版　2014年　p.7
19) 政府広報オンライン：http://www.gov-online.go.jp/useful/article/201504/ 2 .html
20) 前掲書17）　pp.4-5
21) 柴田純一「第 4 章 3 節　生活保護における援助活動」岩田正美・杉村　宏編著『MINERVA社会福祉士養成テキストブック14　公的扶助論　第 2 版――低所得者に対する支援と生活保護制度』ミネルヴァ書房　2013年　pp.133-134
22) 社会的包摂サポートセンター編『相談支援員必携　事例でみる生活困窮者』中央法規出版　2015年　pp.85-88を一部改変
23) 岡本民夫『ケースワーク研究』ミネルヴァ書房　1973年　p.164　〔再録『戦後社会福祉基本文献集28　ケースワーク研究』日本図書センター　2001年〕
24) 道中　隆「第 2 章　窓口面接の実際」道中　隆編著『公的扶助ケースワーク実践Ⅰ――生活保護の面接必携』ミネルヴァ書房　2012年　p.14, 27
25) 柴田純一「第 4 章　生活保護制度の原理・原則」渋谷　哲編『新社会福祉士養成課程対応　低所得者への支援と生活保護制度　第 3 版』みらい　2015年　p.76
26) 東京ソーシャルワーク編『How to 生活保護〔生活保護法改定対応版〕――申請・利用の徹底ガイド』現代書館　2014年　p.79
27) 日本弁護士連合会貧困問題対策本部編『生活保護法的支援ハンドブック　第 2 版』民事法研究会　2015年　p.3
28) 長尾英彦「生活保護制度をめぐる近年の状況」『中京法学』48巻 1 ・ 2 号　2013年　p.13
29) 河合克義『老人に冷たい国・日本――「貧困と社会的孤立」の現実』光文社　2015年　p.16
30) 同上書　pp.9-12
31) 勝部麗子「躍進するソーシャルワーカーの出番――豊中市社会福祉協議会のコミュニティソーシャルワーカー（CSW）の実践から」日本社会福祉士会ほか共編『社会保障制度改革とソーシャルワーク――躍進するソーシャルワーク活動Ⅱ』中央法規出版　2015年　p.27
32) この例の根拠は次の文献で確認できる。内容については筆者が再構成した。
　　佐山満夫「市町村社会福祉協議会の自立を問う」塚口伍喜夫・岡部和夫・松澤賢治・明路咲子・川崎順子編『社協再生――社会福祉協議会の現状分析と新たな活路』中央法規出版　2010年　p.189
33) 前掲書31）　p.28
34) 阿部志郎『福祉の哲学』誠信書房　1997年　pp.16-17
35) 阿部志郎『社会福祉の思想と実践』中央法規出版　2011年　p.45
36) 宮本節子『ソーシャルワーカーという仕事』筑摩書房　2013年　pp.175-177

第IV部

私はソーシャルワーカーです

　ベネッセ教育研究開発センターが行った「第2回子ども生活実態基本調査」(2009年)によると，なりたい職業が「ある」と答えた高校生は50.6%と半分程度であり，なりたい職業ランキングトップ10は表IV－1の通りです。
　これによれば，ソーシャルワーカーという職業は高校生にほとんど認知されていません。しかし，ソーシャルワーカーはまちのいろいろなところで，誇りをもって仕事をしています。しばしば，ソーシャルワーカーから「お父さんは（お母さんは）ソーシャルワーカーだと子どもに胸を張っていえる。それが自慢です」と聞きます。この言葉は，かつて筆者自身が思っていたことであり，ソーシャルワーカーという職業をよく表していると思います。
　第8章では，そんなソーシャルワーカーの活動を，ソーシャルワーカー自身に語ってもらっています。そして，終章では，ソーシャルワーカーは「未来」を切り拓く専門職であることを説明します。そうすることで，若者とソーシャルワークという仕事の出会いをもたらすことが第IV部の役割です。

表IV－1　高校生のなりたい職業ランキングトップ10

男子	順位	女子	順位
学校の先生	1	保育士・幼稚園の先生	1
公務員（学校の先生・警察官などは除く）	2	学校の先生	2
研究者・大学の教員	3	看護師	3
医師	4	薬剤師	4
コンピュータープログラマー，システムエンジニア	5	理学療法士・検査技師・歯科衛生士	5
警察官	6	公務員（学校の先生・警察官などは除く）	6
薬剤師	6	医師	7
芸能人（俳優・声優・お笑いタレントなど）	8	芸能人（俳優・声優・お笑いタレントなど）	8
理学療法士・検査技師・歯科衛生士	9	栄養士	9
技術者・エンジニア	9	カウンセラー・臨床心理士	10
法律家（弁護士・裁判官・検察官）	9		

出所）ベネッセ教育研究開発センター『第2回子ども生活実態基本調査報告書』p.143

第8章

まちで活躍するソーシャルワーカー

あなたのまちにいるソーシャルワーカー

(1)「いろいろな人」「変化する暮らし」「さまざまな生活問題」

　私たちが暮らしているまちには，にぎやかなまちもあれば，普通のまちもあります。なかには過疎化が進み消滅しそうなまちもあります。それぞれのまちには，赤ちゃん・子ども・おとな・高齢者，健康な人・病気の人，裕福な人・貧困状態の人，勉強や仕事が順調な人とそうでない人，夢が叶った人・挫折した人などさまざまな人が暮らしています。

　その暮らしはいろいろと変化します。これまで学校に行っていた子どもが，何かのきっかけで不登校になることがあります。健康だった人が病気になり，後遺症が障がいとなる場合もあります。順調だった会社が倒産し，失業することもあります。年をとって，これまでできていたことができなくなることもあります。

　こうしたまちの暮らしのなかで，生活をするうえでのさまざまな困難が生じます。たとえば，親が虐待をするようになった，学校でいじめられるようになった，入院が長引いて入院費が心配になった，失業して家賃が払えなくなり，アパートを出て行かなければならなくなった，脳梗塞の後遺症で介護が必要になった，特別支援学校高等部を卒業したが働く場がなく

て困っている，重度の障がいのある子どもがいるが，自分が病気になり家で養育を続けるのが難しくなったなどです。こうした問題は，誰が遭遇するかわかりません。誰にも，その可能性があります。

（2）ソーシャルワーカーが働いている場所と名称

　さまざまな生活問題に対応しているソーシャルワーカーは，働いている場所もさまざまです。そのためソーシャルワーカーは，私たちのまちのどこにいるのかがわかりにくいようです。

　さらにやっかいなのが名称です。名称には，①社会福祉士や精神保健福祉士のように資格を表すときの名称，②現業員，生活指導員，児童福祉司のように法令で使われる名称，③ソーシャルワーカーやケースワーカーのように学問や教育で用いられ，また，福祉現場でも使われているときの名称があります。

　そこでこうした混乱をなくすために，ソーシャルワーカーが働いている主な場所と名称を表Ⅳ－2に整理してみました。この表にあるのがソーシャルワーカーの主な（決してすべてではありません）職場です。そして，【　】内で表現されている人たちがソーシャルワーカーです。

表Ⅳ－2　ソーシャルワーカーが働いている主な場所と名称

		相談機関	施設
地域	児童・家庭	・市区町村の役場にある児童福祉課【現業員またはケースワーカー】 ・児童養護施設などに附置されている児童家庭支援センター【家庭支援専門相談員またはファミリーソーシャルワーカー】 ＊児童相談所【児童福祉司，相談員またはケースワーカー】	・児童養護施設【児童指導員，ファミリーソーシャルワーカー】 ・情緒障害児短期治療施設【児童指導員，家庭支援専門相談員またはファミリーソーシャルワーカー】 ・児童自立支援施設【児童自立支援専門員，児童生活支援員，家庭支援専門相談員またはファミリーソーシャルワーカー】

	ひとり親家庭	・市区町村の役場にある児童福祉課【母子・父子自立支援員】 ＊配偶者暴力相談支援センターの機能も担う婦人相談所【婦人相談員】	・母子生活支援施設【母子指導員，少年指導員】 ・婦人保護施設【生活指導員，職業指導員】
	低所得・貧困	・市区町村の役場にある社会福祉課【現業員またはケースワーカー】	・救護施設【生活相談員】
	高齢者	・市区町村の役場にある高齢福祉課や介護保険課【現業員またはケースワーカー】 ・地域包括支援センター【社会福祉士，介護支援専門員またはケアマネジャー】	・特別養護老人ホーム【生活相談員，介護支援専門員またはケアマネジャー】 ・老人デイサービスセンター【生活相談員】
	障がい児・者	＊身体障害者更生相談所【身体障害者福祉司】 ＊知的障害者更生相談所【知的障害者福祉司】 ・相談支援事業所【相談支援専門員】	・就労継続支援B型施設【職業指導員，生活支援員】 ・障害者支援施設【生活支援員】
	地域全般	・社会福祉協議会【福祉活動専門員またはコミュニティソーシャルワーカー】 ・独立型社会福祉士事務所【社会福祉士】	
教育		・教育事務所を拠点に公立小・中学校など【スクールソーシャルワーカー】	
医療		・病院などの相談室【医療ソーシャルワーカー】 ・精神科病院などの相談室【精神保健福祉士】	
司法		・矯正施設，更生保護施設，地域生活定着支援センター【リーガルソーシャルワーカー】	

注1）場所や名称は，あくまで一例です。
  2）＊印は都道府県の相談機関であり設置が少ないため，あなたのまちにはないかもしれません。
  3）＊印の相談機関については，窓口を一元化するために児童相談所，婦人相談所，知的障害者更生相談所および身体障害者更生相談所を統合して「福祉総合支援センター」などの名称にしているところもあります。

（3）ソーシャルワーカーがしていること

❶相談機関では

　まず，相談に来られた人の困っていること（生活するうえでの課題・問題）を明らかにし，支援・介護が必要な場合，どのくらい必要であるのかを判定します。次に，明らかにした課題・問題の改善・解決に必要な福祉サービスや，支援・介護の必要度に応じた福祉サービスを紹介します。また，相談機関によって違いますが，見えにくくなっている「生活に困っている人」を発見することもしています。

❷施設では

　まず，サービス利用に来られた人の困っていること（生活するうえでの課題・問題）を明らかにします。そのうえで，その課題を改善・解決するために，①本人に働きかける（生活していくうえでの助言，意欲を引き出す，悩みを聴いていっしょに考える），②必要に応じて，その人がいる環境を整える（その人が取り組める活動を創る，ご家族に働きかける，入所施設であれば外出の頻度を増やす）といったことをします。

　これらが，ソーシャルワーカーが行っている「ソーシャルワーク」です。次に，実際のソーシャルワーカーの仕事を紹介します。

2　さまざまな現場で活躍するソーシャルワーカー

（1）福祉事務所のソーシャルワーカー

❶私の仕事

　市役所の業務は，民間企業のような利潤追求を目的としたものではなく，広く一般の利益になることを目的として，公正中立に行われています。な

かには，「人事などに関する業務」のように民間企業と同じような業務を行っている部署もありますが，基本は，「観光に関する業務」「統計に関する業務」「定住に関する業務」「福祉に関する業務」「選挙に関する業務」など一般の利益になるものです。

　こうした業務のなかで，私は主に「福祉に関する業務」に携わっています。この業務は「福祉事務所」で行われます。「福祉事務所」は社会福祉法に定められており，社会福祉六法（生活保護法，児童福祉法，母子及び父子並びに寡婦福祉法，身体障害者福祉法，知的障害者福祉法，老人福祉法）に関わる業務を行います。

　それでは，「福祉に関する業務」とは一体どんな業務でしょうか。先に述べたように社会福祉六法に関する業務を行っている機関ですので，生活に困窮する人，高齢者，児童，ひとり親家庭，障がいのある人などの援護に関する業務，また，市独自に助成や支援を行うなどさまざまな業務があります。

　私は，社会福祉課で「生活保護法」に定める援護に関わる業務に携わり，いまは子育て健康課で「児童福祉法・母子及び父子並びに寡婦福祉法」に定める援護に関わる業務を行っています。また，こういった業務だけではなく市役所の運営に関することも行っています。これは福祉事務所に限らず，市役所のどの部署でも実施している事務で，予算の編成や執行，出退勤の管理，施設・備品などの管理といったものがあります。こういった事務は市役所の運営にとって欠かすことができない重要な業務ということができます。

❷ソーシャルワーク実践
　──自分たちの力で暮らしていけるようになるまで根気よく

　私が行っている業務のなかには「児童手当・特例給付の支給に関する事務」のように，全国どこの市区町村に住んでいても，中学生までの児童を養育している人が同じように受けることができるサービスに関する業務があります。

その一方で，援護に係る業務の1つとして，「家の掃除」をしに行くこともあります。なぜ，「家の掃除」が市役所の職員の仕事になるのか，頭のなかを疑問符がかけめぐっている人が多いのではないかと思います。家の掃除をするといっても，市内の家庭すべての家の掃除をしに行くわけではありません。

　それでは，どういった家庭の掃除に行くのかというと，生活環境が悪く，そこで生活することが本人やその家族にとってよくないと判断される場合です。さらにいえば，何らかの要因で掃除を自分ですることができない場合などです。ただし，怠惰により掃除をしていないなどの場合は対象にはなりません。

　こういった状況は，その状況を何とか改善したいと思っているけれど自分ではどうしていいかわからない場合もあれば，そもそも家が汚いと思っていない場合もあります。しかし，一般的にいえば，悪い生活環境を改善することで，その家庭にとってプラスになるという場合には，援助を惜しみません。ここが「福祉」における援助という点です。

　ただ，私が一人でその家庭に行って，一人で掃除を行うわけではありません。援助を必要とする人と，その家庭の生活環境をよくしようと考える人たちと協力して行います。市役所内のほかの部署であったり，社会福祉協議会であったり，民間の事業所であったり，また近隣の支援者である場合もあります。対象となるかたは，一人で清掃をすることが困難になっています。そのため，さまざまな支援機関と調整のうえ，いろいろな人と連携して実施します。

　きれいになったから終わりではなく，その後も引き続いて指導を行い，自分たちの力でその環境を維持するための意識づけや援助を行います。福祉における支援は1回の相談，1日で終わることはほとんどありませんので，根気よく続ける必要があります。援助を必要とする人がもつマイナスの部分（短所）を見つけるのは簡単ですが，プラスの部分（長所：ソーシャルワークの言葉でいえばストレングス）を探し出し，伸ばしていく援助を

考えていく必要があります。

　どの分野においてもそうだと思いますが，一人で仕事を進められるわけではありません。必ず誰かと協力して行っているものです。「福祉分野」においてはそれが顕著に見られます。いろいろな考え方をもつ人がいて，それをうまくまとめるのはたいへんなことです。しかし，福祉の仕事においては，援助を必要とする人の生活環境の改善や生活力の向上といった共通の目的があります。この目的を達成するために，いろいろな人と連携・協働し，その人が自分の力で暮らしていけるようになるまで根気よく関わるのが，私がしているソーシャルワークの仕事です。

（2）社会福祉協議会のコミュニティソーシャルワーカー

❶私の仕事

　社会福祉協議会は，社会福祉法第109条において「地域福祉の推進を目的とする団体」と明記されています。都道府県や市町村ごとに設置されているため，行政職員と誤解されることも多いですが，「社会福祉法人」という法人格をもつ公共性の高い民間の社会福祉団体です。「高齢者福祉」「障がい者福祉」「児童福祉」と聞けばどのようなかたに対して仕事をしているのか，ある程度想像できると思います。しかし，「地域福祉」と聞いても誰に対してどのような仕事をしているのか，なかなか理解することが難しいと思います。

　地域には，高齢者や障がい者，乳幼児，学生，妊産婦，外国人などさまざまなかたが生活しています。そうした誰もが住み慣れた家庭や地域で，いつまでもいきいきと安心した生活を送れる環境を創ることこそが，地域福祉の原点であると考えます。誰もが暮らしやすい地域であるためには，住民一人ひとりが福祉について考え理解することや，相手の立場に立って物事を考える必要があります。社会福祉協議会は，生きづらさを抱えている住民も，そのかたを支援する住民も，ともに会員として位置づけていま

す。そうした住民（会員）の福祉に対する理解の深まりは，地域の福祉力の向上につながります。

　私たちコミュニティソーシャルワーカーの仕事は，地域にある福祉の問題に対して，その問題の当事者，自治会，民生委員，ボランティア，医療機関や福祉施設などさまざまな関係者が協議しながら，問題に自ら取り組んでいけるようにすることです。

　近所付き合いが希薄になり，「孤独死」や「無縁社会」という言葉が使われる昨今，つながりづくりの再構築に向けた声かけや見守り活動など，住民同士の助け合いが重要視されています。このように，社会福祉協議会で働くコミュニティソーシャルワーカーは，生きづらさを抱えている住民に対して直接援助するのではなく，住民が主体的に解決できるような仕組みや仕掛けをつくることを仕事としています。

　たとえば，自宅で車いすを使いながら生活する人からは，「病院に定期的に通院したい」という相談があります。この場合，社会福祉協議会のコミュニティソーシャルワーカーが病院へ送迎するのではなく，運転ボランティアを募集し，社会福祉協議会が所有する福祉車両を使い，ボランティアによる送迎を行います。これは，"生きづらさを抱える住民を助けたい"という気持ちで動くボランティアと"移動を手伝ってほしい"という住民との助け合い活動であり，生きづらさを抱える住民は，ボランティアの支援により住み慣れた家庭や地域で暮らし続けることができるのです。また，「一人暮らしで寂しく，話す相手がほしい」という高齢者からの相談には，傾聴ボランティアグループのメンバーが自宅を訪問し，話し相手となっています。ボランティア活動の広まりや住民同士のゆるやかなつながりにより，施設ではなく，住み慣れた地域で暮らし続けることのできる住民が数多くいます。

　超高齢社会となった現在，このような相談は数多く寄せられています。需要の多い福祉課題については，個々のボランティアをグループ化することで安定した支援ができる仕組みを創ったり，必要に応じてボランティア

養成講座を企画したりしています。そして、住民が抱える生きづらさは、窓口や電話では伝わりにくいことが多いため、地域に出かけて行き、顔の見える関係を築きながら、どのようなことに生きづらさを抱えているのか、また、どのようなボランティアが必要なのかを丁寧に聴き取り、住民が必要とするボランティアを紹介します。

❷ソーシャルワーク実践
　──「ハイジョするまち」から「ハイリョするまち」へ

　地域には、家のなかや敷地内に多くのものが散乱し、片づけられない状態に陥っている人もいます。これがいわゆる「ゴミ屋敷」であり、このような家に住んでおられるかたの多くは、近所との付き合いが希薄になっています。

　Ｆさん63歳（男性）は一人暮らしで、数年前からがんを患い、抗がん剤治療を受けながら入退院を繰り返していました。ある日、Ａ民生委員から「Ｆさんの家がゴミ屋敷になってしまっており、手のつけようがない。Ｆさんは自宅で暮らしたいといっているが、トイレに行くこともできず、介護保険制度を利用できないか」との相談がありました。私と社会福祉協議会のケアマネジャーが、Ａ民生委員といっしょにＦさん宅を訪問すると、室内はゴミが散乱し、ほこりまみれで足の踏み場がない状態でした。Ｆさんは、これまで自治会の役員やボランティア活動に熱心に取り組んでこられたかたです。話し合いの結果、Ｆさんが清潔な自宅で1日でも長く暮らすことができるよう、自宅のゴミを片づけることになりました。

　ゴミ屋敷の片づけは、市役所職員や社会福祉協議会職員のみで行うことが多いのですが、コミュニティソーシャルワーカーとしては、地域の力を最大限に引き出しながら住みやすい環境を整えることを考えました。その結果、Ａ民生委員のほか、Ａ民生委員の夫、Ｂ民生委員、担当地区福祉委員、ボランティア、介護保険事業所の職員、社会福祉協議会のケアマネジャーとコミュニティソーシャルワーカー、市役所職員でＦさん宅を片づけることにしました。Ｆさんの家を片づけていると、近所の人が駐車場を

貸してくれたり，ゴミの運搬にトラックを提供してくれたりと多くの協力がありました。また，「ここのおじさん亡くなったの？」と聞きに来られる若い住民もおられ，Fさんの存在を知っていることもわかりました。そして，Fさんの家にあったCDは，介護保険事業所に寄付され，利用者のレクリエーションに活用されることになりました。

　地域住民が力を出し合うことで，「地域福祉」は一歩前進します。また，生きづらさを抱えた住民も含め，地域に暮らす住民一人ひとりは大切なまちの財産です。少しのやさしさと理解があれば，地域から疎外されることなく，存在を認め合いながら暮らし続けることができます。住民一人ひとりが輝ける力を引き出すことと住民の気づきを築き上げることが，コミュニティソーシャルワーカーの大切な視点なのです。

（3）病院の医療ソーシャルワーカー

❶私の仕事

　私は病院の患者総合支援センターで，医療ソーシャルワーカー（略称MSW）として勤務しています。患者さんやそのご家族に，安心して入院治療やご家庭で療養生活を送っていただけるように，たとえば，以下のようなさまざまなご相談をお受けしています。

- 在宅療養，転院，施設入所などの退院後の生活問題
- 入院費，治療費，生活費などの経済的な問題
- 退院後の生活，仕事など社会復帰をするにあたっての不安
- 介護保険，障がい児・者のサービスに関する制度のこと
- 患者会や家族会のこと

　相談内容や問題は，患者さんが治療を受けている診療科によっても異なってきます。内科系であれば，治療が比較的長期間にわたることから，経済的な問題が発生しやすくなります。一方，外科系であれば，障がいや後遺症が残り，医療・看護のみならず心理的な支援や介護に関する問題が

発生したりします。

　こうした問題を解決するために医療ソーシャルワーカーは，患者さんといっしょに解決すべき問題を明らかにして，患者さん自身で問題を解決することができるように，援助の手順と目標について確認をしていきます。実際には，患者さんやご家族と面談をしたり，行政や地域の医療福祉機関などと連携を図ったり，患者さんにわかりやすく説明できるように資料を作成したりしています。

　近年，疾患や治療の多様化，社会問題の複雑化，価値の多様化などから，医療機関での生活支援の必要性が高まっており，患者さんの不安や問題も複雑化・困難化していることを実感します。患者さんが適切な治療を受けることができ，その後もその人らしい生活を過ごせるような支援を行うために，医療ソーシャルワーカーの役割がますます重要になっています。そのため，今日では医療機関のなかで，医療ソーシャルワーカーはなくてはならない存在となっています。

❷ソーシャルワーク実践
　──患者さんやご家族の立場に立って連携・協働する

　退院時は，気持ちの準備，物の準備，福祉サービスの準備など，さまざまな準備を必要とします。また，病院は機能分化し，病気が治るまで1か所の病院で過ごすことが難しくなりました。こうした事情から，1つの病院ではなく，地域全体で患者さんの医療・生活・介護をサポートするために，さまざまな機関と「連携・協働」をします。

　退院を控えた患者さんやそのご家族を交えて，病院側のスタッフ（主治医，看護師，医療ソーシャルワーカーなど）と，退院後に患者さんをサポートするケアマネジャーや訪問看護師などの在宅でのサービス提供者が集まって，検討会を行います。患者さんの情報を共有することで，退院する前に退院後の問題や課題が見つかります。そして，三者間がスムーズに連携することで，退院後に安心して在宅療養へ移行できるようにします。

　患者さんやご家族の立場に立って，必要な人たちと連携・協働すること

で，患者さんとご家族の暮らしを支えるのが，私がしている医療ソーシャルワークの仕事です。

（4）特別養護老人ホームのソーシャルワーカー──利用者支援

❶私の仕事

　私たちの特別養護老人ホームという職場は，身体の衰えや認知症により在宅生活が困難になられた要介護3以上のご高齢者が対象になる入所施設で，入居者様お一人お一人が尊厳と自立を大切にしながら，生きがいをもって安全・安楽な生活を送れることを目的としています。

　入居されている人のなかには，認知症や障がいのため，うまく自分の気持ちや意思を伝えることが難しくなっているかたがいます。その人に対しては，これまでの生活をふまえたうえで，気持ちや意思をくみとり，「支援が必要なこと」を明確にしなければなりません。明らかにした「支援が必要なこと」に対して，その人の相談に乗ったり（ミクロレベルの対応），その人が暮らしやすい施設内の環境を整えたり（メゾレベルの対応），必要に応じてボランティアや文化的活動の指導者を招いたり（マクロレベルの対応）しています。

　私の仕事は，入居者に対してだけではありません。認知症教室や介護技術講習などを開催し，地域で介護に困ってみえるかたへのサポートや相談，地域の活動を地域の人に知ってもらうことを含めた地域貢献事業なども進めています。

　このほかの活動もあります。今日の福祉をとりまく環境は，メディアにより4K（きつい，きたない，危険，給料が安い），サービス利用者に対する職員の虐待，人材不足（福祉の仕事に就こうとする人が少なく人手不足）といった話題が多くなり，本来，報道されるべき魅力やすばらしいケアの実践，質の向上に向けたさまざまな挑戦などが，世間のみならず介護職員一人ひとりにも伝わりにくくなっています。そのため，播磨介護技術

競技大会を開催しています。この大会は，①利用者様が自分らしい生活を実現できるように，②職員が自分たちのケアを見直し，よりよいケアに取り組めるように，③さまざまな理想と現実の間にある思いを形にするために，④地域の福祉向上につながるように，⑤介護職が情熱や誇りをもち，あこがれの職業になるように，といったことをめざしています。

❷ソーシャルワーク実践——その人の立場に立つ

先ほども述べた通り，特別養護老人ホームには，適切な判断をしたり，必要なことを訴えたりすることが困難なかたが多くいます。そうした人たちを含めて，お一人お一人にとっての尊厳が保たれた生活，お一人お一人に応じた自立を支援しながら，生きがいをもって安全・安楽な生活を送れるようにするには，一つひとつの支援や介護に対して，入居者様がいまどう思われているのか，利用者の立場に立って考えること（想像すること）が大切になります。

たとえば，入居者様がトイレに行きたいといわれたのに対して，「さっき行ったばかりでしょ。我慢して」というとどのように感じるでしょう。「自分はトイレに行きたいから行きたいと伝えているのに。一人で行けるなら自分で行くのに。ただ，人の手を借りないとトイレに行けないだけなのに。これ以上我慢したら，失禁してしまう。そんなのは嫌」と考えるのではないでしょうか。相手の気持ちを感じとることができれば，そのような声かけをすることはないでしょう。これが利用者の視点・立場に立つということです。

私は，想像するより体感したほうがよいと思っています。私たちの施設では，新入職員やソーシャルワーク実習に来た学生に，利用者体験をしてもらいます。利用者様の設定はいろいろありますが，たとえば，タオルで目隠しをして車いすを利用するという利用者体験があります。この体験をしてもらうと，「お尻が痛い」「おもしろくない」「つらい」といい，多くの人が2時間で根を上げます。

また私は，そのなかで急に声かけをせずに車いすを動かし，その後，声

かけをしながら車いすを押します。そうするとみなさん「声かけの大切さがよくわかった」「2時間，誰からも声をかけてもらえなかったけれど，声をかけてもらうことが，どんなにうれしいことかがわかった」といいます。普段は何の問題も感じてなかったことが，急に入居者様の「本当の気持ち」として感じとれるようになるのです。業務状況や人材により限界はありますが，私たちが提供するサービスや支援・介護に問題意識をもつことが，利用者様の「本当の気持ち」に気づくことにつながります。

　オムツでも同様です。私は以前，オムツで排尿をしようとしましたが，どんなに頑張っても出ませんでした。それは，きっと心の奥にある「尊厳」と呼ばれるものだと私は感じました。だからこそ，安易にオムツにすることはいけないことだとも感じています。

　施設生活のなかには，入居者様の生活にとって不都合なことでも，当たり前のように支援・介護をしていることが多々あります。そのような状況に対しては，その人の立場になって，さまざまな環境のバリアや心のバリアを壊していくこと（バリアフリー）や相手の気持ちを代弁すること（アドボカシー），そして相手の立場に立って考え，行動していくことが重要となります。

　入居者様にとってよりよい生活ができるようにそのかたの視点に立ち，本人だけではなく環境に目を向け，状況の改善・解決を図ることが，ソーシャルワーカーとして大切にしなければいけない本質の1つだと考えます。

（5）特別養護老人ホームのソーシャルワーカー——仕組み創り

❶私の仕事

　大学を卒業し「高齢者」を対象に働き出して15年目になります。これまで仕事をしてきたなかで，さまざまな役割を経験してきました。直接，高齢者をケアする介護職員として，また入退所の手続きやサービス利用中のさまざまなサポートを行う生活相談員として，そして事業所を統括し，利

用者によりよいサービスを提供できるようにサービス内容や職員の管理を行う管理者として働いてきました。

　現在は高齢者に直接関わる一線から離れて，法人本部で総務という仕事をしています。大きく分類すると事務員というくくりになりますが，あくまでも福祉現場で働いてきた経験を活かすソーシャルワーカーとして働いています。

　たとえば，施設で起こる事故をどうやって未然に防ぐかを話し合う事故防止委員会に参加します。また，高齢者にどんなサービスを行うのか，どうすれば満足してもらうことができるのかを話し合う会議に参加することもあります。いずれもソーシャルワーカーの視点で発言します。その他，職員向けに研修会を開催し，資格をとるための勉強をサポートします。職員の知識が増えて高い技術を身につければ，職員からサービスを受ける利用者の満足につながります。誰しもがサービスを受けるときは，レベルの高い人のサービスを受けたいと思うはずです。資格の取得は，サービスを受ける利用者の安心につながります。

　ソーシャルワーカーの仕事で特徴的なことの１つは，仕事場以外にも活躍の場が広がっていることです。困っている人に対応するためには，自分が働いている職場だけでは対応できないことがたくさんあります。その場合は，地域のさまざまな人たち（施設や病院，社会福祉協議会，市役所，民間会社や自治会などの地域住民，有資格者など）の力を借りることになります。

　ソーシャルワーカーの役割の１つに，普段の仕事では得られないような「つながり」を自ら創っていくこともあります。「つながり」が強ければ強いほど，広ければ広いほど，困っている人に対する支援の選択肢を増やし，問題の改善・解決を図る確率を上げることが可能となります。

❷ソーシャルワーク実践――つながりと仕組みを創る
ソーシャルワーカーが活躍できる仕組みを創る
　ソーシャルワーカーとして福祉の仕事をしている人はすでにたくさんい

ますが，まだまだ足りません。ソーシャルワーカーは，人材不足（必要最低限の人員配置）などの与えられた条件のなかだけで活動するのではなく，自らが活躍できる仕組みを創り，そのなかで実践する人を増やし育てることもします。自らが活躍できる仕組みを創る最初の一歩が，人と人とのつながりです。職場や職種の枠を超えて，人と人とがつながる「きっかけ」を創ることは，ソーシャルワーカーの大切な仕事の1つです。その例を2つ紹介します。

　1つめは，2015年10月に明石市で立ち上げたグループです。このグループは，社会福祉士，精神保健福祉士，介護福祉士という資格をもっている人たちの集まりです。普段は個々が所属する職場で仕事をしていますが，職場の枠を超えて「資格」というキーワードでつながり，お互いのよさを活かし合うグループです。

　たとえば，精神障がい者の患者さんが入院をしていて高齢になった場合，精神科病院で働くソーシャルワーカー（精神保健福祉士）が，高齢者施設で働くソーシャルワーカー（社会福祉士）に入所の受け入れを依頼します。社会福祉士は介護現場の介護福祉士に情報を伝えて，適切なサービス提供を行います。このように一連の流れのなか，お互いに「つながり」があれば，スムーズにサービスが引き継がれていきます。

　2つめですが，明石市では約3年前から「士」の資格をもつ有資格者のネットワークが創られています。社会福祉士のほかに，法律分野の弁護士，行政書士，不動産鑑定士，医療・福祉分野の介護福祉士，精神保健福祉士，作業療法士，お金と暮らし分野の税理士，公認会計士，ファイナンシャル・プランニング技能士，電気工事士など，ソーシャルワーカーが中心となって呼びかけを行い，いまでは40名を超す集まりになっています。

　このグループは，1年前からは定期的に無料相談会を行っています。困っている人を助けるのも大切ですが，困らないように未然にトラブルなどを避けることはもっと大切です。医療では予防が注目され，病気にならないような身体をつくります。福祉においても予防が必要です。福祉に限った

ことではありませんが，困った状況にならないように，トラブルが起きそうなときは早めに専門家に相談することもその1つです。

このほかに，まだ回数は少ないですが，高校3年生向けに，社会に出る前に知っておくべきことを伝える取り組みも始めています。たとえば，社会福祉士であれば国民年金の仕組み，精神保健福祉士であればうつ病の知識について伝えます。将来，高齢や障がい状態になったときに年金を受けとることができなかったり，うつ病になって治療が遅れて働けなくなったりすれば，生活に困窮して福祉の支援が必要になることも考えられます。

福祉の仕事をしていなくとも，「困っている人を助けたい」という気持ちをもっている人や，困っている人を助けることができる人は，地域にたくさんいます。どこで何をすればよいかわからずに，その思いや能力を眠らせている人もいます。そのようなかたが地域で活躍できる場をプロデュースする（能力や思いとそれを発揮できる場をつなぐ）ことも，仕組み創りの1つです。

ソーシャルワーカーが活躍している様子を伝えていくこと

いまから職業を選択していく学生のみなさんへ，ソーシャルワーカーが活躍している様子を伝えていくことは，とても重要だと考えています。「知っている」と「知らない」の違いは大きいです。みなさんも馴染みのあるお店と初めて入るお店では抵抗感が違うはずです。「ソーシャルワーカーってどんな人？」と思われている存在では，ソーシャルワーカーが本来もっている力を発揮することはできません。「困ったときにはソーシャルワーカーだよね」と認識してもらうためには，存在はもとより，その役割を知ってもらうことが大切です。

現在は近隣の大学や高校へ出向き，ソーシャルワーカーの仕事内容やそのやりがいなどを伝えています。最近では，ご家族に福祉の仕事をしている人が増えてきたこともあって，興味をもつ学生が以前よりも多くなったように思います。しかし普段の生活のなかでは，ソーシャルワーカーと直に接する機会は多くありません。だからこそ，きっかけが必要です。実際

に働いている人の話を聞く，会って話をすることで職業の選択肢に加わる可能性が広がります。地域でソーシャルワーカーになりたい人が増えることは，将来，地域のことを本気で考えて行動してくれる人が多いということです。そうなれば，とても安心で住みやすいまちになると思います。

　なりたい職業ランキングの上位に「ソーシャルワーカー」が入ることを，私の生涯の目標としています。そして，その価値が十分にある職業であると確信しています。

終章

人間と社会の「未来」を切り拓く ソーシャルワーカー

相談援助職としてのソーシャルワーカー

（1）相談援助（ソーシャルワーク）という専門職
　　　——人に寄り添う専門職

　生活することが困難になっている人や生きる希望を失っている人がいます。そうした人に対して「相談」という形で「出会い」，その人を「支援」する仕事がソーシャルワークです。
　「出会い」には2つの形があります。1つは，ソーシャルワーカーのところに相談者が訪れたり，連絡をしたりする形です。もう1つは，ソーシャルワーカーが支援を必要としている人のところに出向く形です。虐待されている乳幼児，自分がいじめられていることを周囲にはいえない児童，いまの苦しい生活状態を隠しながら生活している人たち，苦しい生活だが福祉のお世話にはなりたくないと思っている人など，相談に行くことができなかったり，相談をためらったりしている人がたくさんいます。そのため，ソーシャルワーカーは，人と人とのつながり（ネットワーク）を創り，そのネットワークを通して，そうした人に気づく（出会う）ようにします。
　相談援助における支援では，まず，その人がソーシャルワーカーに本音で話をしてくれるような関係を創ります。そして，その人が困っているこ

とや問題の根っこにあるもの，あるいは，支援が必要なことを明らかにします。次に，明らかにされた問題に対して，①その人自身が，問題・課題に向き合えるように促す，②問題を解決あるいは改善する福祉サービスを紹介する（その人とサービスとを結びつける），③その人の悩みを聴いたり助言をしたりする一方で，必要であれば，その人の環境（家庭，友人や学校，職場，入所している施設など）に働きかける，といった支援をします。

ソーシャルワーカーは，こうした相談援助を通して，その人が自尊心をもって，必要に応じて支援を利用しながら生活していくことができるようにお手伝いをします。

（2）相談援助（ソーシャルワーク）の可能性
──社会を築く専門職

ソーシャルワーカーは，困難な状況を生み出す要因を，ご本人と環境の双方の観点から考えます。なかには，その人自身にいろいろと課題がある人もいます。しかし，働くところを一生懸命探したのに仕事が見つからない，親が虐待をしている，認知症が進み生活することが困難になったといったように，その人にはどうすることもできないこと，言い換えれば，環境に問題・課題がある場合が多く見られます。そして，そうしたところに，社会にある「一部の人が豊かになり，こうした人への支援が届かない」という不正の仕組みが垣間見られます。

社会を築く専門職としてのソーシャルワーカーがすべきことは，まず，生活が困難になっている人たちとともに，社会に対して「この状態に対応しない環境（社会の仕組み）はおかしくないか」と問いかけることです。次に，この「問いかけ」を，社会の分析を専門とする社会学や社会福祉学などの研究者に提示して「つながる」ことです。そして，研究者とともに「不正の仕組み」を明らかにすることです。

続けて，哲学，倫理学，法哲学，政治学，社会福祉学の研究者と「つながる」ことで，「社会にある不正の仕組み」に抗する「正義」のあり方を検討し明らかにすることです。そのうえで，不正の仕組みで苦しんでいる当事者，市民，政治家などと「つながり」，協働して社会にある不正の仕組みを正し，正義に適った社会を築いていくことです。
　これが，ソーシャルワークという活動が潜在的に宿していながら，未だ十分に実現できないでいる「ソーシャルワークの可能性」です。

2　ソーシャルワーカーによって切り拓かれる「未来」

(1)「時」そして「未来」について考える

　ソーシャルワーカーは，一人ひとりが生きている「現実」に関わります。その現実には「時」があります。実は，ソーシャルワークの可能性，そしてその中核にあることを理解するためには，「時」を理解することが不可欠です。そのため，ここで「時」の話をします。これから話すことを図Ⅳ－1にまとめていますので，時折，そちらを見ながら読んでください。
　一人ひとりに世界が与えられて，私はその世界を生きています。「私が生きている世界」は私の誕生とともに生まれ，私の死とともに消滅します。その世界には「時」があり，「時」には，「いま現在」「過去」「未来」があります。このうち，私たちが生きているのは常に「いま現在」です。
　それでは，「過去」はどこにあるのでしょうか。「過去」には2つの存在のしかたがあります。1つは過ぎ去ったものとして存在しています。もう1つは，過ぎ去ったものが記憶や記録されることによって，いま現在のなかによみがえる形で存在しています。こうした過去のうち，記憶が変わったり記録が変わったりすることはありますが，過ぎ去った過去自体は変えることができません。

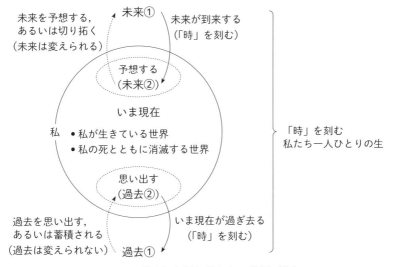

図Ⅳ-1 「時」を刻む私たちの世界（生）

　これに対して「未来」はどこにあるでしょうか。同じように「未来」にも2つの存在のしかたがあります。1つは、これから来るものとして存在しています（ただし正確にいうと、まだ存在していないので、「存在している」とはいえません）。もう1つは、これから来る未来を予想したり期待することによって、いま現在のなかに存在しています。こうした未来は過去と違って、変えられる可能性があります。言い換えれば、未来にはいろいろな可能性があって、その可能性のどれを実現しようとするのかは、いま現在を生きている私たち次第です。

　この私が生きている世界は「時」を刻んでいます。「時」を刻むとは、「未来」が到来し、「過去」が過ぎ去るという形で、「いま現在」を刻んでいるということです。こうして刻まれる「時」によって、一人ひとりの"かけがえのなさ"が創られていきます。そして、「未来」が到来しなくなったとき、その人の人生は終わります。

(2) "来たるべき未来"に応えるソーシャルワーカー

　私たちには自己中心的な側面がありますが，他者に関心を向け，その人を気遣う（他者への責任＝倫理）側面もあります。また，所得格差，教育格差などさまざまな格差が拡大し，不平等と思われる状況もありますが，その一方で，不平等や格差を正そうとする動き（正義）もあります。

　ソーシャルワーカーは，こうした倫理や正義を実感しています。そのため，いまよりもっと倫理や正義が実現している未来を思い描きます。それはたとえば，いま虐待されている子どもが，虐待から解放されている状態，いま失業して生きる気力をなくしている人が再び働いている状態，障がいに対して「自分はああならなくてよかった」と思うような世界ではなく，心身の障がいも1つの人間のあり方として肯定される世界です。

　こうした状態のことを，"来たるべき未来"といいたいと思います。なぜかというと，心の奥底からそうした未来の実現を願っている人がいるからです。そうした人たちの願いが，「"来たるべき未来"を実現してほしい」と，いま現在を生きている人に呼びかけています。ソーシャルワーカーは，そうした人に，もっとも日常的に関わっているが故に，その呼びかけを感じるのです。

　この呼びかけが，"来たるべき未来"があり，それは実現しなければならないんだという思いと考えを拓きます。ソーシャルワーカーは，"来たるべき未来"を切り拓く専門職なのです。

3　"あなた"を待っている人が確実にいます

　社会にはさまざまな資源（物やサービス）がありますが，それらは限られています。そうした資源をほしがっている人々に分配し，かつ，そこで生まれる利益（富）を増やす仕組みが市場メカニズムです。市場は，効率

的に資源を分配し，かつ，そこに参加する経済主体（個人や企業）のインセンティブ（やる気）を引き出すという意味においては優れたメカニズム（仕組み）です。そこでは，公正なルールという条件のもとで，経済主体が，それぞれの利益の最大化を求めて合理的に行動する「自由」が重んじられます。自由を重んじる市場メカニズムによって，豊かで便利な社会が実現しています。

　ここで，私たちがこの世に生を受ける場面に焦点を当てたいと思います。私たち一人ひとりが生まれたときに与えられる能力や環境は著しく異なります。そして，このことについて，私たちはどうすることもできません。これが私たちの生の根底にある事実です。一人ひとりがもっている能力やおかれている環境は著しく異なるため，「自由」を重んじる市場メカニズムにおいては，必然的に，教育機会，所得，健康，そして希望など，いろいろな面での格差が広がり，「必要なもの」すら十分に手に入れることができない人がたくさん生まれてしまいます。そのため，社会はこの問題に対して責任をもって対応しなければなりません。この責任を果たす仕事の１つが，生活困難を抱えている人（他者）を気遣い，不平等な格差を正そうとするソーシャルワークです。

　市場メカニズムでは対応できない生活困難を抱えた人が，この社会にはたくさんいます。そうした人たちの心の奥底から発せられる叫び（訴え）が，ソーシャルワークを求め，ソーシャルワーカーになってくれる人を求めています。

　私はこの本の執筆を決めたとき，最後に書く言葉を決めていました。この本の執筆のためにいろいろな本を読みましたが，そのなかに，私が思っていた言葉を最後においていた本がありました。宮本節子さんの『ソーシャルワーカーという仕事』です。この本は共感すること，学ぶことが多くありましたが，「願いはいっしょだ」と思いました。最後にその言葉を紹介して，本文を終わりにしたいと思います。

「若い皆さんがソーシャルワーカーを目指し，ソーシャルワーカーとして成長するのを待っている人々が確実にいます」[1]

[文献]
1）宮本節子『ソーシャルワーカーという仕事』筑摩書房　2013年　p.184

おわりに──私たちの責任,または道を切り拓くことにともなう充実感

　仕事には責任がともないます。ここでいう責任とは,「その仕事をやらなければならない,やらなければ責めを負う」ことです。私たち(ソーシャルワーカーを養成する教員やソーシャルワーカー)はいろいろな責任を担っていますが,なかには,十分に果たせていないこともあります。それは,見えにくいソーシャルワークの仕事を見えるようにすることです。

　本書は,この責任に応えるために執筆されました。ただし,「見えるようにすること」は最初の一歩に過ぎません。私たちの最終目的は,「ソーシャルワークを知ればその仕事に就きたいと思うのに,知らないでいる人」と「ソーシャルワークにおける支援を待っている人」を「つなげること」です。

　このたび,こうした責任の一端を,福祉現場で活躍されているソーシャルワーカーや同僚の先生方と果たすことができました。そこには,社会に必要な職業領域を切り拓き,そこにソーシャルワーカーという専門職を定着させようとする志のようなものがあります。同じ志をもった者が連携して,道を切り拓いていくことに充実感を覚えました。これもソーシャルワーカーのやりがいであると,本書の執筆を終えたいま,感じています。

　最後に,株式会社みらいの竹鼻均之社長,いつも丁寧に原稿のチェック・編集をしてくれる企画編集課の安田和彦さんにお礼を申し上げたいと思います。株式会社みらいは,福祉・保育・栄養などの分野の書籍を中心とするテキスト・専門書の出版を通し,真にプロフェッショナルな専門職の養成を理念に掲げる出版社です。ソーシャルワークに関わる仕事をする者としての責任と志を「共有」してくださったうえで,出版の機会を与えてくれたことに,心より感謝申し上げます。

2016年1月31日

関西福祉大学
中村　剛

索引

欧文

The feeling of being necessary　139

あ行

阿部志郎　21, 131, 133
糸賀一雄　101
医療ソーシャルワーカー　34, 179
エコロジカル視点　68
エンパワメント　68, 155

か行

介護支援専門員　157
介護保険制度　157
関わり　58
環境に働きかけ整える　55
関係形成　65
気づく・予防する　57
教養　118, 122
教養教育　119, 122
ケアマネジメント　157
ケアマネジャー　157
権利保障　142
幸福追求権　143
高齢化率　75, 156
声なき声　21
子どもの貧困率　46, 77
子どもの貧困　41
子どもの貧困対策の推進に関する法律　47

さ行

再分配　79
ジェネラル・エデュケイション　121
資源を紹介する（資源を結びつける）　54
資源を創る　56

自然的不平等　85
児童虐待　32, 110, 150
児童相談所のソーシャルワーカー　33
社会正義　87
社会的不平等　85, 86
社会福祉協議会のコミュニティソーシャルワーカー　176
障害者支援施設　36
障害者支援施設におけるソーシャルワーク　154, 155
障害者支援施設のソーシャルワーカー　37
承認　126, 139
自立相談支援事業におけるソーシャルワーカー　29
人権　92
スクールソーシャルワーカー　24
ストレングス　69, 155
ストレングス視点　69
生活困窮者自立支援制度　146
生活保護制度　145
正義　74, 88, 89, 91, 98, 192
正義感覚　49, 98
精神保健福祉士　26
生存権　142, 146
精神保健福祉領域におけるソーシャルワーカー　26
責任という関係　38
専門職　135
相対的貧困　76, 77
相対的貧困率　76
相談援助　62-64, 188, 189
相談に応じる　53
ソーシャル（社会的）　58
ソーシャルワーカー　5, 170-173, 188, 190, 192
ソーシャルワーク　4, 52, 53, 61, 62
尊厳　91

た行

対等な関係　66
他者への責任　137, 163, 192
他者を気遣う　59, 62, 163
地域包括支援センターのソーシャルワーカー
　　36
中間集団　73
超高齢社会　75
哲学　128
哲学者　6
ドゥウォーキン　89
特別養護老人ホームのソーシャルワーカー
　　181, 183
トリクルダウン理論　80

は行

パートナーシップ　66
パイデイア　120
パターナリズム　67
平等　89
平等な尊重　89
平等な配慮　89
貧困　45
福祉事務所のソーシャルワーカー　173
福祉の心　49
不平等　48, 59, 72, 74, 88
母子生活支援施設のソーシャルワーカー　27
星の王子さま　22, 138
本人意思と自己決定の尊重　67

ま行

ミル　67, 88

や行

優しさ　20, 39

ら行

リフレーミング　69
リベラル・アーツ　120
リベラル・エデュケイション　121
リベラル・フリー　120
利用者の視点・立場に立つ　64
倫理　97, 137, 163, 192
ルソー　58, 60, 85
レトリック・ヒューマニズム　120
連携・協働する　55

執筆者および執筆分担 (五十音順)

植田　智（うえだ　とも）……………………… 第5章2（1），第8章2（4）
　社会福祉法人ささゆり会　特別養護老人ホームサンライフ御立　生活相談員兼ケアマネジャー
　（社会福祉士）

亀井陽介（かめい　ようすけ）……………………… 第5章2（4），第8章2（1）
　執筆時（平成27年度）：赤穂市健康福祉部子育て健康課　事務職（社会福祉士），主事
　現　在：赤穂市健康福祉部医療介護課地域包括支援センター　事務職（社会福祉士），主査

元佐朋亨（がんさ　ともゆき）……………………… 第5章2（6），第8章2（2）
　社会福祉法人相生市社会福祉協議会　主任（社会福祉士）

岸　剛健（きし　たけとし）…………………………………………………第5章2（5）
　きしソーシャルワーカー事務所　独立型社会福祉士

小谷幸平（こたに　こうへい）……………………… 第5章2（3），第8章2（3）
　社会医療法人製鉄記念広畑病院　患者総合支援センター　医療ソーシャルワーカー（社会福祉士）

佐伯文昭（さえき　ふみあき）…………………………………………………第7章4（2）
　関西福祉大学社会福祉学部　教授（臨床心理士）

谷川和昭（たにかわ　かずあき）………………………………………………第7章4（5）
　関西福祉大学社会福祉学部　准教授（社会福祉士）

田村智之（たむら　ともゆき）……………………… 第5章2（2），第8章2（5）
　社会福祉法人三幸福祉会（清華苑）法人本部　総務部長（社会福祉士）

中村　剛（なかむら　たけし）………はじめに，第1～4章，第5章1，第6章，
　関西福祉大学社会福祉学部　教授　　　　第7章1～3，4（1）（4）5，第8章1，おわりに

萬代由希子（まんだい　ゆきこ）………………………………………………第7章4（3）
　関西福祉大学社会福祉学部　講師（社会福祉士）

編著者紹介

中村　剛（なかむら　たけし）
1963年　埼玉県に生まれる
　　　　大阪大学大学院文学研究科文化形態論（臨床哲学）専攻
　　　　博士後期課程修了　博士（学術）
　　　　19年間，社会福祉施設（知的障害者入所更生施設，知的障害者通所授産施設，養護老人ホーム）に支援員，相談員として勤務
現　在　関西福祉大学社会福祉学部　教授
専　門　福祉哲学，社会福祉原論
主な業績　『福祉哲学に基づく社会福祉学の構想──社会福祉学原論』みらい，2015年
　　　　『福祉哲学の継承と再生──社会福祉の経験をいま問い直す』ミネルヴァ書房，2014年
　　　　2015年度日本社会福祉学会　学会賞（学術賞：著書部門）受賞

自分の将来を考えている"あなた"へ
これがソーシャルワークという仕事です
尊厳を守り，支え合いの仕組みを創る

発　行　日	2016年 9 月10日　初版第 1 刷発行
	2021年 9 月 5 日　初版第 3 刷発行

編　　　者────中村　剛
発　行　者────竹鼻均之
発　行　所────株式会社みらい
　　　　　　　　〒500-8137　岐阜市東興町40番地　第 5 澤田ビル
　　　　　　　　電　話　058-247-1227
　　　　　　　　FAX　058-247-1218
　　　　　　　　http://www.mirai-inc.jp/
印刷・製本────サンメッセ株式会社

定価はカバーに表示してあります。
乱丁，落丁本はお取り替えいたします。
ⒸTakeshi Nakamura 2016, Printed in Japan
ISBN978-4-86015-395-3 C3036